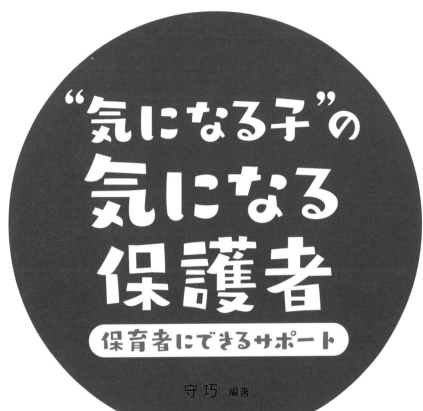

"気になる子"の気になる保護者

保育者にできるサポート

守巧 編著

チャイルド本社

はじめに

近年、保育者のみなさんから「保護者対応が年々難しくなってきている」という相談を受けるようになりました。

保育者が対応に困っている保護者の多くは、保育者が子どもの気になる行動を伝えているのにまったく伝わらない「"気になる子"の保護者」、そして、保育者が理解しがたい言動が多く、子どもよりもむしろ保護者が気になる「気になる保護者」といえるでしょう。

このような保護者を支えるには、保護者の言動がどんな背景や原因からくるのかを見極め、保護者を適切にアセスメントする必要があります。

そこで、保育者のみなさんがストレスを抱え込みすぎずに「"気になる子"の保護者」「気になる保護者」を理解し、支援することができるよう、本書を書きました。保護者支援について困っているみなさんが、少しでもスムーズに、かつ見通しをもって保護者と関わることができるように、という願いを込めています。

なお、タイプごとに事例の解説をしていますが、けっして保護者をタイプ別にわけ、当てはめて理解するためではありません。適度な距離を保ちつつ、適切に保護者の特性をつかめるようにするためのものです。

本書をお読みいただき、子どもと保護者、そして何より本書を手に取ってくださったみなさんの笑顔が、少しでも増えることを祈っています。

こども教育宝仙大学こども教育学部　教授
守　巧

2章 事例でみる "気になる子" の保護者

3章 事例でみる 気になる保護者

❶周囲に攻撃的になる保護者

❷家庭環境に課題がある

❸保護者自身が課題をもっている

コラム

4章 園内での取り組み・専門機関との連携

本書の特長

本書では、「"気になる子"の保護者」「気になる保護者」が
抱えている困難の背景を考え、
具体的な事例から支援のポイントをわかりやすく紹介します。

① クラスの保護者の傾向を把握して、保護者への向き合い方がわかる！

保護者の言動の背景を考える
具体的な保護者の言動を例に、保育者はどのように
受け止めたらよいのかを考えます。

クラスの保護者の傾向を知ろう
保護者を理解するために、タイプ別に解説しています。

保護者のタイプを整理してみよう
クラスの保護者をイメージしやすいように、図に示しています。

保育者自身の思考の傾向を知る
園での具体的なシチュエーションを例に、自分自身の思考の傾向に気づきます。

② 実際の事例から、保護者の気持ちや対応のヒントがわかる！

子どもの姿 保護者の様子 保育者の思い
実際にあった事例を取り上げています。

考えられる保護者の心情
保護者の言動の背景を探ります。

支援のポイント
保護者の状況に応じて、必要な支援を多面的に考えます。

保護者対応の極意
このケースへの対応のポイントを一言でまとめています。

③ 専門機関へのつなげ方がわかる！

保育者が知っておくべき専門機関や、専門機関につなげる道筋を
紹介。就学支援についても取り上げています。

1章

気になる保護者を
適切に理解するために

クラスに一定数いる、"気になる保護者"。
彼らが抱えている葛藤や困難について理解し、
支援の方法を考えていきましょう。

1 保護者との適切な距離感

保育者が目指したい 保護者との関係

●保育はあくまでも子どもが主体

クラスにはたくさんの個性をもった子どもがいます。当然、その保護者もそれぞれ個性をもっています。さまざまなタイプの保護者の対応に頭を悩ませることもあるかと思いますが、保育者にとっては、あくまでも「子どもが主体」です。

保護者と過度に仲よくなりすぎたり、苦手意識をもって敬遠したりせずに、適度な距離を保ちつつ、保護者との関係をつくりましょう。保育者と保護者は、子どもがよりよい育ちをするために、子どもを中心にした協力関係をつくることが大切です。

先生のLINE教えて

●若手保育者は保護者対応が苦手？

経験が浅い若手の保育者は、保護者とのコミュニケーションを難しいと感じる人が多いようです。

保護者が自分よりも年上であったり、自分自身に子育て経験がなかったりすることが多いため、引け目を感じ、生活全般への指摘をためらってしまいがちです。

そのため、保護者と距離が縮まると安心してしまい、一方的に「よい関係がつくれた」と勘違いしてしまうこともあります。

保育者と保護者という関係は、友達関係とは違います。携帯やLINEの連絡先の交換や、個人的な物の貸し借りなどの行為は、保育者としてはNGです。

「一定の距離を保つ」「親しくなることが目的ではなく、信頼関係を築くことが目的である」といったことを念頭に置きながら、コミュニケーションを図りましょう。

●ベテラン保育者の落とし穴

　ベテランの保育者は、保育経験や人生経験に富むことで、保護者のニーズに的確に応えることができそうです。しかし、身につけたスキルから生まれる落とし穴もあります。

　ベテランの保育者はこれまでの経験から「私が（保護者に）教えてあげないと」「○○ちゃんのお母さんはコミュニケーションが苦手だから、くだけた雰囲気で話そう」などと考えます。この考え自体は全く問題ありませんが、過去の経験から決めつけて言い切ってしまったり、なれなれしく友達のような発言になってしまったりすると、保護者を戸惑わせることがあります。適度な距離と敬意を忘れないよう気をつけましょう。

●保護者対応の注意点

　保護者との距離の保ち方については、OK と NG の基準を、園内でも話し合っておくとよいでしょう。

　声かけひとつでも、「お母さん、遅刻しないで来てくださいね」などと、唐突に保育者の要求を伝えてしまったりすることのないよう注意することが大切です。

　園の情報（増改築の予定など）や、他児の個人情報（インフルエンザに感染している子どもの名前など）も、安易に伝えないように気をつけましょう。

　下記はやや極端な例ですが、適切な距離感を考えるための基本項目として再確認しておきましょう。

経験が浅い保育者へ	ベテラン保育者へ
＜保護者との関係でやってはいけないこと＞ ・自宅の住所や個人的な連絡先を教える ・個人所有の物を貸し借りする ・特定の子どものお誕生会に参加する ・一部の保護者の昼食会や飲み会に参加する ・憶測で保護者の質問に答える ・話しやすい雰囲気の保護者を選んで話す ・保護者のより好みをする	**＜気をつけたい発言＞** ・「○○くんは、～～というタイプ。だから、△△してください」→決めつけ ・「お母さん、おばあちゃんとうまくいってないんじゃない？」→一方的にプライベートに踏み込む ・「うちの園ではこうです！」→保護者からの要望や提案に耳を傾けない

2 気になる保護者とは？

（増えている？　気になる保護者）

●みなさんの園にいる、対応に困る保護者

保育者のみなさんは、よりよい子どもの育ちのために、保護者と日常的にコミュニケーションをとっていると思います。

しかし、保護者のなかには「園や保育者への要求が多い人」「何かにつけてクレームのような苦情を繰り返してくる人」「保育者の言葉を聞いてくれない人」などがいます。みなさんの園にも当てはまる保護者がいるのではないでしょうか。

●気になる保護者の増加の背景

そうした保護者の増加には、子育てをめぐる社会状況の変化という背景があります。

近年、少子化や地域社会におけるネットワークの崩壊などから、基本的な子育てのやり方が保護者に伝承されづらくなっているという実態があります。そのため、生活習慣など、保育者からすると「これぐらいはわかっている（やっている）だろう」と考えるようなことが、実行できていないケースがあるのです。

さらに、社会全体がストレスを抱え込みやすくなっているため、うつ病などの精神疾患を抱える保護者や、性格上の問題から他人と良好なコミュニケーションがとれないといった保護者が増えている現状もあります。

保育者にとって「気になる」と感じる保護者が増えているといえるでしょう。

●「気になる子」の保護者との関わり

　最近の保育現場では、子どもの発達などが気になる、いわゆる「気になる子」が増えてきています。

　気になる子は、「細やかな配慮や支援、あるいは観察が必要な子ども」といえます。発達障害などの明確な診断がないにもかかわらず、友達とトラブルが絶えなかったり、コミュニケーションが思うようにとれなかったりするケースが見られます。

　保育者は、多数の子どもを見ているため、そういった子どもの特性に気づきます。園での様子を保護者に伝えようとしたとき、保護者のなかには、そのような子どもの姿を受け入れにくい人がいて、保育者の言葉を聞こうとしなくなってしまうことがあります。

　そうなると、保護者と保育者の間で子どもの姿を共有できなかったり、コミュニケーションがうまくとれなかったりして、保育がスムーズに行われにくくなってしまいます。保育者は、そのような「気になる子」の保護者との信頼関係を築き、子どもの支援ができるよう努めなければなりません。

●保護者の方が気になるケースも

　一方で、保育者にとって「子どもは気にならないが、保護者の方が気になる」というケースもあります。

　わがままやクレーマーなどの性格上の特性や、一人親や夫婦仲が悪いなど家庭環境に課題があって、その疲れやストレスから園や保育者、他の保護者との間でトラブルになってしまうようなケースです。その他に、保護者自身が何らかの課題を抱えていて、子育てや対人関係に困難が生じている場合もあります。主に、保護者に発達障害や精神疾患、虐待またはその疑いがあるというケースです。

　そういった気になる保護者に対しては、園全体で支援していくと考え、その特性や行動の背景を的確に踏まえた対応をしていく必要があります。

「気になる子」の保護者を 理解する前に

●「気になる子」の特性を理解しよう

　気になる子の保護者を理解する前に、まずは「気になる子」について理解していきましょう。

　保育者が戸惑うことが多いのは、「発達障害の子ども」「グレーゾーンの子ども（発達障害の疑いがあり、集団生活から外れてしまう子ども）」です。子どもの行動としては、みんなでやる行事が苦手で練習から逃げてしまう、ザワザワした雰囲気が苦手、興味の幅が狭い、などが見られます。

　また、障害の特性がなくても、養育環境が原因で気になる行動をとる「不適切な養育環境にいる子ども」もいます。子どもの特性を見極め、理解を深めましょう。

発達障害

　発達障害とは、学習や言語、運動、コミュニケーションなど、生活に困難が生じる先天的な障害です。ADHD、ASD、LD などがありますが、いくつかの傾向を併せもっているケースが多く見られます。さらに、同じ診断でも、「衝動性」や「不注意」など症状の出方が異なり、その姿は 10 人いれば 10 通りというくらい異なっています。

　それぞれの特性を簡単に紹介する前に、発達障害の子どもに共通して見られる特性を見ておきましょう。

<全身運動や手先の不器用さ>

　目と手、手と足などをいっしょに動かす「協調運動」が苦手で、はさみや箸を使うこと、折り紙、着替え、キャッチボールなどが難しいのが特徴です。年齢に見合わない不器用さとして表れ、物や人によくぶつかったり、転んだりしがちです。

<感覚過敏・感覚鈍麻>

　特定の音や匂い、触覚などに苦痛を感じるのが「感覚過敏」です。椅子をひく音や、人に触れられるのが耐え難いことがあります。この反対で、痛みなどを感じにくく、汚れたりぬれたりしても気づかない、けがをしても訴えないなどの特性が「感覚鈍麻」です。指しゃぶり、爪かみなどの自己刺激行動が表れることもあります。

ADHD（注意欠陥／多動性障害）

　行動の特性としては、不注意（注意力が年齢に釣り合わず、極端に物をなくしやすい、整理整頓が苦手）、多動性（じっとしていられない、待つことが苦手）、衝動性（感情のブレーキがきかない、すぐカッとなる）などが挙げられます。

　何かをしていても途中で注意がそれ、忘れてしまうため、日常的な生活習慣が身につきにくく、ロッカーや道具箱の中も乱雑になりがちです。衝動性によって、すぐに手や足が出る、暴言を吐くなどの対人的なトラブルが多発します。

　叱られたり友達から避けられたりと、失敗経験が多くなるため、自尊心が育ちにくくなってしまいます。そして、「どうせ怒られる」「自分はダメだ」という感情から、さらに気になる言動を引き起こすこともあります。

ASD（自閉症スペクトラム障害）

　言語や知能の遅れを伴う重い自閉症から、知能の遅れを伴わない高機能自閉症（アスペルガー症候群）までをひとつにまとめて表した名称が「ASD（自閉症スペクトラム障害）」です。

　行動の特性は、社会的コミュニケーションの障害（人の気持ちが読めない、比喩や皮肉がわからない）、常同的な行動（興味の幅が狭い、パターン化されたものを好む）などがあります。

　慣れ親しんだ物や人、環境などにこだわりがあるため、新しい環境や活動には強い不安を示します。過去に食べたことがないものを食べない、白いごはんしか食べられないなど、極端な偏食になることもあります。また、オムツが外れなかったり、特定のトイレしか使わなかったりするため、排泄の自立が遅れる場合もあります。

　4〜5歳になっても友達への興味を示すことが少なく、ずっと一人遊びを続ける子もいます。

LD（学習障害）

　知的な遅れはないにもかかわらず、「聞く」「話す」「読む」「書く」「計算する」「推論する」などいくつかの分野において、習得に著しい困難がある状態です。文字や数字を覚えられない、文字を正しく書けない、話を聞いただけでは理解できない、数や順番がわからない、などの特性が見られます。

　一般には就学後に教科の学習が始まると目立ってくることがほとんどですが、4～5歳と年齢が上がってくると、その傾向が見られることもあります。

　お店やさんごっこなどで看板の文字や値札を書く、数を数えるなどの活動が増え、他の子どもとの違いに戸惑いを覚える場面が増えていきます。周りの子どものすることを見てから動き始める、わかるふりやできるふりをする、といった姿が見られることもあります。

グレーゾーンの子ども

　障害の傾向は見られるものの、診断がつかない状態が、いわゆる「グレーゾーン」です。発達がゆっくりだったり、経験不足によって習得が遅れたりすることでグレーゾーンと見られる子どもも少なくありません。

　いつもみんなのテンポから遅れてしまう、立ち歩いてしまう、園内を走り回ってばかりいるなど、特性はさまざまです。

　全ての子どもは発達途上の状態なので、ある時期に気になる姿があっても、成長とともに克服していくことも多いです。グレーゾーンの子にも、少し手厚い関わりを心がけながら、発達をサポートしていきましょう。

不適切な養育環境にいる子ども

虐待

虐待には、①身体的虐待、②性的虐待、③ネグレクト（養育の怠慢・拒否）、④心理的虐待、の4つがあります。虐待による心身の傷は、子どもの発達やその後の人生に大きな影響を与えます。

虐待について保育者がやらなければならないこととしては、まずは「気がつくこと」です。保育者は日々子どもと接しているため、保育者が最初に虐待に気づくケースは少なくありません。子どもの命に関わるため、安全確保が保護者との関係性より重要であることを理解しましょう。

・虐待のきざし──虐待を受けている可能性のある子ども

虐待を受けている子どもには、「虐待のきざし」があります。これらの項目に気づいたら、速やかに園長に報告・相談することが重要です。

①**身体的虐待**……不自然な箇所（内腿やわきの下等）にあざやすり傷、打撲ややけどがある。

②**性的虐待**………暗闇を嫌がったり、性器が腫れていたり傷ついていたりする。また、ごっこ遊びなどで性的な行動をする。

③**ネグレクト**……給食をむさぼるように食べたり、衣服がいつも不潔だったりする。また、成長・発達が遅い。

④**心理的虐待**……落ち着きがなく、いつもおどおどしている。衝動的な行動をとる。

・虐待のきざし──虐待をしている可能性のある親

虐待をしている保護者にも、虐待のきざしはあります。これらの保護者の様子に気づいたら、考えすぎと思わずに、速やかに園長などの管理職に報告しましょう。

①**子どもに愛情をもって接していると感じられない**……親にとって意に沿わない子（望まぬ妊娠、育てにくい子など）で、子どもに対する回避感情が強い。

②**子どもに無理な要求をしている**……極端な育児観、脅迫的な育児、子どもの発達を無視した過度な要求をする。

③**子どもがなつかないと口にする**……自身も親に虐待を受けた経験がある保護者は、同じような関わりを繰り返してしまう。

④**お金がかかると嘆く**……生活が困窮しているため、過大なストレスがある。精神的に余裕がなく、ストレスのはけ口として子どもへの虐待を繰り返してしまう。

＊虐待のきざし…「子ども虐待対応の手引き」（厚生労働省雇用均等・児童家庭局総務課長通知／平成25年8月改正版）を元に作成

17

クラスの保護者の特性・特徴を捉える

●クラスの保護者のタイプを見極めよう

クラスの保護者は、多数の一般の保護者のなかに、〈「気になる子」の保護者〉と〈気になる保護者〉、さらに、両方に当てはまる〈「気になる子」の気になる保護者〉が存在します。保護者理解のために整理して考えてみましょう。

A.「気になる子」の保護者

「気になる子」の保護者のなかには、自分の子どもの特性をうまくつかんで受け止め、対応を考えている「子どもの姿を受容している保護者」がいます。この保護者とは、保育者は意思疎通を図り、共通理解をもって、子どもの育ちを支えることができるでしょう。

一方で、自分の子どもの姿（障害）を受容できない保護者もいます。戸惑いや拒否反応と受容との間を揺れ動くため、より繊細なサポートが必要になります。

B.気になる保護者

「気になる保護者」は、子どもは気にならないものの、保護者自身に課題がある人です。

クレーマーやわがままなどで、園に過大な要求や苦情を言ってくる保護者。生活や気持ちに余裕がなかったり、家庭環境に課題があったりすることで、子育てに支障が出てしまう保護者。また、発達障害の傾向や精神疾患が疑われるなどのケースで、コミュニケーションが極めてとりにくい保護者などが見られます。

その姿は多岐にわたり、園への強い攻撃になったり周囲を巻き込んだりして、保育者がダメージを受けてしまうこともあります。

A＋B.「気になる子」の気になる保護者

Aの保護者が、保育者の話を聞こうとしなかったり、問題をすり替えたりしてコミュニケーションが困難になると、〈「気になる子」の気になる保護者〉となります。発達障害の子どもの保護者が、子どもと同じ特性をもっていることもあります。A、Bに比べて、両方の困難さを併せもつこのタイプには、特に困難があるといえます。

クラスの保護者

多数の一般の保護者

A
「気になる子」の
保護者

子ども
発達障害の傾向などがある
「気になる子」

保護者
・子どもの姿を受容している
・子どもの姿を受容できない

A+B
「気になる子」の
気になる保護者

AとBの特性を併せもつ
保護者

B
気になる保護者

子ども
一般の子ども

保護者
・クレーマーやわがまま
・家庭環境での課題がある
・発達障害の傾向や精神疾患
　などの疑いがある

●保護者を適切に理解することが、支援につながる

　クラスの保護者をイメージしやすいように図を示しましたが、けっして保護者を枠組みに当てはめて対応を考えればよい、というわけではありません。

　しかし、特徴をつかんで整理してみることで理解が深まり、保護者がつまずいていることや納得しやすい話し方がわかり、関わりのきっかけや糸口を見つけやすくなります。

　保護者とコミュニケーションが思うようにとれない場合には、保育者側の関わりの工夫が求められるため、保護者の傾向をつかんでおくと、工夫の内容を検討しやすくなります。

　保育者は、子どもの最善の利益を第一に考えることを忘れず、「保護者の状態を適切に理解して対応すること＝支援」と考えましょう。そのためにも客観的に「保護者がどのようなタイプか」を把握しておくとよいでしょう。

3 「気になる子」の保護者・気になる保護者との関係づくり

（ 保護者との関係づくりには "知識とスキル" が必要 ）

●誠意をもって接しつつ、専門的な対応を

医療・保健・福祉などをはじめとする対人援助職では、"相手に対して真摯に誠意をもって接する"ことを基本とします。保育や教育現場における保護者対応でも、同じことがいえます。"保育者が真摯に誠意をもって保護者と接していけば、必ず気持ちが伝わる"ということです。

しかし、実際には保育者の思いだけでは限界があると感じることもあるでしょう。真摯に誠意をもって接することは大切ですが、これは基本の姿勢です。この基本に "＋α" が必要となります。それは、保護者の生活の背景と実態を把握して、それを参考に対応を検討する "知識とスキル" です。

「あのお母さんには何回言ってもダメ……」と嘆いているのであれば、保護者の背景と実態の見立てが間違っているのかもしれない、と考えてみましょう。"知識とスキル" は、以下のようなものが考えられます。

1 日頃の
コミュニケーション

3 保育者自身の
思考の傾向を知る

元気な子で！

OK?　NO?

2 相手の視点で物事を見る

1. 日頃のコミュニケーション

　「気になる子」の保護者や気になる保護者にとって、保育者とのやりとりでは、聞きたくない話が多く発生します。他の保護者より、子どものトラブルの話や保護者へ求めることがどうしても多くなりがちだからです。

　その場合、いかに日頃から保護者と関係をつくっているかが鍵になります。日頃から何気ない会話をして関係性ができていれば、聞きたくない話が出たとしても、保護者に聞く気持ちができます。

　何気ない会話は、子どもの成長がわかる話や保護者への感謝など、保護者の気持ちに寄り添うような言葉かけがよいでしょう。以下を参考に、保護者の心に届く日常的なやりとりを心がけましょう。

〈心に届く日常的なやりとり〉

日常での保育者の言葉かけ		言葉を受け取った保護者の気持ち
○○くん、きょう砂場で一生懸命に高い山を作っていたんですよ。	⇨	この保育者はうちの子のことを丁寧に見てくれているんだ。
お忙しいのに、○○ちゃんのために〜してくれてありがとうございます。	⇨	私のがんばりを認めてくれた。
今はこういう姿ですが、今後○○の姿になっていくと思いますので、楽しみにお待ちください。	⇨	なるほど、そうなるのか。見通しがもてた。
（笑顔で）おはようございます。おかえりなさい。	⇨	なんだかホッとする。
最近お忙しそうですが、お仕事で何か大きなプロジェクトでも控えているのですか？	⇨	わかってもらえてうれしい。忙しいときの育児について、話を聞いてもらいたい。

2. 相手の視点で物事を見る

　よい関係をつくっていくためには、保護者の生活の背景や実態を把握することが大切です。そのためには、保育者の思いだけで保護者や子どもを見ないようにしましょう。

　「どうしても保護者にこうしてほしい！」という強い要求が保育者にあると、その視点が全てになりがちです。そうなると、視野が狭くなり、保護者の実態について全体を捉えづらくなってしまいます。

　丁寧に保護者の声に耳を傾け、保育者という保育の専門家として、「なぜこの保護者はこういう言動をするのか」と考えて多様な視点から捉えてみましょう。

〈保護者の言動の背景を考える〉

子どものしつけや教育が厳しく、園にも要求してくる保護者

BAD	GOOD	GOOD
そんなにきつく言わなくてもいいのに	お母さんに何かストレスがあるのかも	仕事が忙しくて世話する余裕がないのかも

難しい要求をしてくる保護者

BAD	GOOD	GOOD
わがまま。そんなこと毎回できない	洗濯できないほど忙しいのかも	生活が大変で頼れる人がいないのかも

3. 保育者自身の思考の傾向を知る

　保育者は、自分の物事に対する考え方や価値観を自覚しておくことも大切です。自分自身の心の動きの傾向や、物事の優先順位について知っておきましょう。

　例えば、和を乱しがちな子どもに対して、社会性や場の雰囲気を重視する保育者であれば「集団に参加させたい」と強く考えるでしょう。逆に、「個性を発揮するのはよいこと」という価値観の保育者であれば、集団に参加することに対して柔軟に考え、多少のいざこざもよしとするかもしれません。

　そんな自分の価値観と異なる保護者と出会ったときに、自分がどのような態度や感情を抱くかを知っておくことが大切なのです。そうすることで、価値観が違う保護者に出会っても、客観的にその保護者とやりとりができるようになります。

〈自分がどう感じるかを振り返る〉

子どもがルールからはみ出したとき

元気が余ってるのね

他の子が困るならやめさせたい

きちんと並ぶべきよ

保護者が忘れ物をしたとき

忘れましたー

私も忘れ物が多いし、わかるわ

まあ、園の物を代用すればいいか

子どもが困っているじゃない！

23

4 「気になる子」の保護者の戸惑いを理解する

子どもの発達障害を受け入れるのは難しい

●「保護者は子どもの障害を受け入れにくい」と認識する

保護者は、妊娠していることがわかった段階から「産まれてくるわが子」を心待ちにしています。そして、そのイメージの多くは「健康なわが子」です。

生後、そのわが子の体に障害があった場合、当然大変なショックを受けます。肢体不自由がある子どもやダウン症がある子どもをはじめとする、体に特徴がある障害の場合は、出生後早急に対応しなければならないため、その障害に合わせた生活を余儀なくされ、比較的早い段階で自然に受け入れることが多くなります。

保護者がわが子の障害を理解し、受け入れることを「障害受容」といいます。

●保護者が障害受容に至る道筋

右の図は、先天的に障害がある子どもの誕生で、障害の告知を受けた後の保護者の心理状態の変化を、段階的に示した図です。保護者が障害を受け入れるまでの感情の反応を「Ⅰ.ショック」「Ⅱ.否認」「Ⅲ.悲しみと怒り」「Ⅳ.適応」「Ⅴ.再起」の5段階に分け、告知時のショック状態から適応・再起へと向かう段階的な課程を示しています。

目に見えやすい身体的な障害の場合でも、受容するまでこれほど心理状態の変化が起こります。見た目ではわかりづらい発達障害であれば、なおさら受容は難しくなります。

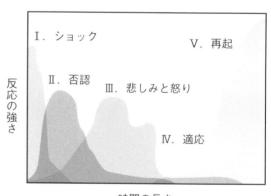

「Drotarらによる、先天奇形をもつ子どもの出産に対する親の正常な反応の過程の仮説的モデル」

出典：Drotar D, Baskiewicz A, Irvin N, et al：The adaptation of parents to the birth of an infant with a congenital malformation：a hypothetical model. Pediatrics 56（5）：710-717, 1975

●それぞれの段階での保護者の心情

時　期	保護者の心情
Ⅰ. ショック	「何も考えられない」「頭の中が真っ白」「言葉がでない」
Ⅱ. 否認	「そんなはずはない、何かの間違いだ」「嘘だ！」「自分の子に限って障害があるわけない」
Ⅲ. 悲しみと怒り	悲しみ「よりによってわが子に障害があるなんて」 怒り「なぜこんな目に合わなければならないのか！」「なぜ私だけが！」
Ⅳ. 適応	「障害があってもなくても自分の子どもであることは間違いない」「障害もこの子の一部」
Ⅴ. 再起	「この子らしく生きていってもらいたい」「親としてできることを最大限してあげよう」「この子のいいところは○○だ！」

左の表は、保護者が障害を受け入れるまでの心情を表したものです。

なかでも特徴的なのは、「Ⅱ. 否認」の時期。この段階の保護者は、様々な専門機関や専門家を渡り歩く「ドクターショッピング」という行動をとることもあります。目的は、「障害はない」と否定してくれる専門家を探すためです。そして次に、「障害はあるが、治る」と言ってくれる専門家を探す人もいます。このように保護者は、段階ごとに様々な感情を抱き、行動に移すことがあります。

保育者は、保護者によって時期の長短はあるものの、ほぼこのようなプロセスをたどることを認識しましょう。無理に次の段階へ進むように促さず、適度な距離を保って「今のお母さんの気持ちはだいたい○○の時期かな」と捉えましょう。

●発達障害の受容が最初の課題

発達障害がある子は見た目ではわかりづらく、かつ一定の年齢に達しないと課題が表面化しません。保護者が発達障害がある子の姿を受け入れられない背景には、障害の明確な根拠がない、生活を大きく変えるほど困っていない、などがあります。

多くの子どもを見ていて、客観的に障害の可能性を察知できる保育者としては、子どもに適切な支援の機会を与えたいと考えると、早い段階で保護者に子どもの姿を理解してもらい、受け入れてほしいと願うと思います。でもまずは、「保護者は子どもの姿が障害によるものだということを受け入れられなくて当然」と認識することから始めましょう。

子どもの発達障害の傾向が "わかっていない" 保護者もいる

●子どもの姿に違和感も不安もない

前ページの「障害を受け入れられない保護者」と違って、こちらのタイプは、そもそも子どもの姿に違和感や不安がない保護者です。この場合は、仮に保育者から障害の可能性についての投げかけがあっても、保育者の言葉を否定し、子どもの得意なことや好きなことに目を向けようとするケースがよく見られます。

この保護者は、大きく4つのタイプに分けられます。保育者は、目の前の保護者がどのタイプか、客観的に見極めて対応を検討しましょう。

●発達障害の傾向をわかっていない保護者のタイプ

(1)周囲に発達をくらべられる子どもがいない

第一子の場合、発達をくらべられるきょうだいがいないので、目の前の子どもが基準になり「子どもってこんなもの」と考えがちです。比較対象がいないので、年齢相応の発達がよくわからないという状態です。

(2)保護者に子どもと同じ傾向がある

子どもの姿を説明しても、自分も同じような傾向をもっている場合、それが課題と受けとめられません。「自分も子どもの頃はそうだった」、場合によっては「自分の子どもの頃の方が大変だった」などといった話になります。

保護者が子どもと同じような発達障害の傾向をもつ場合、子どもについての話を真剣に受けとめてもらうことはかなり難しいといえます。

（3）家庭では“困らない環境”を保護者がつくっている

　園で子どもが活動中に席から離れたり、1つの遊びに集中できなかったりするときに、そのような姿を保護者に伝えても「家では困るようなことはありません」といった返答が多く見られます。

　この場合、家での過ごし方を保護者に確認する必要があります。「好きなDVDをいつまでも見ている」「脱いだ衣服をそのままにしている」など、家庭が“本人が好き勝手に過ごせる環境”になっているため、園で何を課題と考えているかを理解できないことがあります。

（4）得意なことに目を向けがち

　発達障害がある子の多くは、得意なことと不得意なことの差が大きいものです。そのため、不得意なことがあっても、それ以上に得意なことの印象が強く、不得意な面がかき消されているケースも多いです。

　例えば、「友達に自分の気持ちを言葉で伝えることができず、手が出る」といった行動がたくさんあっても、特定の分野に高い能力がある場合、「○○線の駅を全部知っている」「難しい漢字を読める」などの面が保護者の評価の対象になりがちです。好ましい姿ばかりに目を向けるため、苦手な面が目に入らないケースです。

●家庭の歴史を否定せず、少しずつ対応を

　このように、子どもの課題を“わかっていない”背景はさまざまです。しかし、こうしたケースへの保育者の対応として、正しいことがひとつあります。それは、先を急がないで丁寧に対応していくことです。

　それぞれの家庭や親子関係には、必ず歴史があります。その歴史には、これまで家族が費やしてきた時間があり、やり方があります（明らかに間違っていたとしても）。子どもの課題を保護者にわかってもらうために、焦ってあれこれ指導や助言をしてしまうと、保護者はそれまで費やしてきた歴史を否定されたという印象を抱いてしまいます。まずは、家庭の歴史を尊重して理解を示しつつ、少しずつ個別対応を図っていくように配慮しましょう。

5 「気になる子」の保護者への 関わりの配慮点

保護者に寄り添った 言葉づかいを

●保育者の言葉は、 子どもの課題と向き合う第一歩

気になる子の保護者は、一生自分の子どもの課題と向き合って生きていかなければならない立場にいます。最初に課題を共有する保育者の言葉によって、どう課題と向き合うかが変わってくるのです。

子どもの姿を伝えることは、保護者がこれから子どもとの生き方を前向きに受けとめるための最初の一歩と考え、保育者は言葉の使い方に配慮する必要があります。

●障害名を使わずに、姿を伝える

気になる子の保護者のなかには、自分から「自閉的な傾向かも」という表現をして同意を求め、保育者が「もしかしたらそうかもしれません」と断言を避けた表現で返答した場合であっても、後々「保育者が自閉症と言った」と事実がすり替わってしまう人が少なくありません。それほど、保護者にとって保育者の言葉というのは影響力があり、障害名は重いものなのです。

「ADHDの子どもと似た行動をする」「こだわりが強く自閉的な傾向がある」「明らかに他の子どもと違う」といった表現は、保護者には「あなたの子どもは障害があります」と言われているように受け取られます。

ですから保育者は、気になる子の保護者に子どもの姿を伝えるときは、障害名や、障害に直接結びつく言葉をできる限り使わないで話をするように心がけましょう。

自閉的な 傾向が…

●保護者の心に届く表現を

「気になる子」の家庭では、大人が子どものペースやコミュニケーションに合わせていることが多く、子どもの発達に課題があっても見えにくい状態となっていることが考えられます。ですから、家庭と園とでは"見えている子どもの姿が違う"と捉える必要があります。

障害名を使わないよう配慮しつつ、課題が見えていない保護者の心に届く表現をしていきましょう。

NG 「他の子どもと違います」

OK どうしていいかわからないようで、他の子どもを見て困っている様子があります

NG 「落ち着きがありません」

OK 遊んでいても、他の遊びに興味や関心があって、次々に遊びを変えます

NG 「こだわりがあります」

かして― だめ！

OK いつも同じおもちゃを使いたがります

生活のヒント

いただきます
うわばき

園と家庭で、同じ方法で支援をしよう

子どもの特性を理解し、生活がしやすくなるように療育機関に通っている親子もいます。療育機関では、子どもの特性を把握して、それに応じた支援を検討し実践していて、その情報は家庭でも共有し、実践されているはずです。

例えば、生活に見通しをもって過ごすことが苦手な子どもに「衣服の着脱」「トイレ」などが示されている絵カードを使って行動を促す場合、療育機関でも家庭でも同じ絵カードを使っていることが多いでしょう。

なぜなら、カードの絵が双方で違っていた場合、絵カードが示す情報を子ども自身が読み取れないからです。

園でも同じ絵カードを使って支援することで、場所が違っていてもやることが理解でき、子どもは安心して過ごすことができるようになるため、本来の力を発揮するようになります。

29

保護者同士の関係への対応

●「気になる子」の保護者と他の保護者のトラブル

　気になる子の保護者と他の保護者との間でトラブルが起きることがあります。よくあるのが、気になる子からいつもたたかれたり、嫌なことをされたりしている子どもの保護者が、気になる子の保護者への不信感を保育者に訴えにくるケースです。

　気になる子からの被害は一度や二度ではなく、その度に保育者が介入してフォローしていても、完全になくなることがないため、やられる側の子の保護者の不満が爆発する、といったケースです。

●不満をもつ保護者の心情を受けとめ、対応を

　他児の保護者からすると、「うちの子がいつも同じ子から、何度も暴力的行為をされる」といった状況では、気になる子への不快な気持ちや、保育者に対して「なんとかして」「ちゃんと見てくれているの」という不安や不満が生まれます。それが、「気になる子やその保護者への批判」という形となって表れてくるのです。

　対応としては、まずその保護者の話を聞きましょう。園として防げなかったことへの謝罪をし、保護者の気持ちに共感します。その後にクラスの様子（流行っている遊びや人数、グループの数）、クラスの子どもたちの遊びの様子、気になる子の遊びの状況、気になる子への保育者の関わり方、双方の育ちのためにしている援助の内容などを丁寧に伝えます。

　そのうえで保育者は、「クラスの友達が、Aくん（気になる子）に"貸して"って言うんだよ、と教えてあげる姿が出てきました」「他の子も"やめて"と伝えられるようになり、Aくんも我慢するようになってきています」といった子ども同士の関係性で変化したことや、互いに成長している点を伝えます。気になる子の保護者に対しては、事実を正確に伝えるとともに、友達の反応や、不満を訴えにきた保護者の反応を伝えましょう。

なんとかしてください！

●「気になる子」の保護者は孤立しがち

　気になる子は、友達をたたいてしまったり、遊びを邪魔したりして友達とのトラブルが絶えません。そのため、気になる子の保護者は、保育者から日常的に子どもに関するトラブルを耳にします。常に「きょうも友達に迷惑をかけているのではないか」と感じているため、保護者会などで他の保護者と話をすることができなくなりがちです。

　これは、多動傾向が強く、けんかが絶えない子どもの保護者に多いケースです。こういった場合に保育者は、「保護者同士のことだから静観した方がよい」と判断しないほうがよいでしょう。なぜなら、一旦孤立してしまうと、保護者が一人でその状況を変えることは難しいからです。

●孤立している 「気になる子」の保護者への対応

　気になる子の保護者は、他の保護者に対して引け目を感じ、「自分の子は発達に遅れや偏りがあるから、みんなに迷惑をかけている」と思い込んでいる場合が多いです。

　このような心理状態になっていると、他の保護者と打ち解けて話したり、悩みを打ち明けたりする関係性が築けず、孤立してしまいます。

　そこで保育者が、まずはその保護者の気持ちを引き出しましょう。最初にするべきことは、「困っているように見受けられましたが何かありましたか？」などの質問をしながら、思いを吐き出してもらうことです。

　もし不満をもった保護者と気になる子の保護者が話し合う必要がある場合には、当人同士に任せず、必ず園長などの管理職に同席してもらうようにしてください。

　また、「子どもは友達とのトラブルから人間関係を学ぶもの」というメッセージを、園だよりなどで常日頃から発信するのもよいでしょう。

何かありましたか？

6 多様な「気になる保護者」との関わり

さまざまなタイプの「気になる保護者」

●関わり方に工夫が必要

　近頃、「保護者との関係づくりや対応が難しくなった」という保育者の声が増えてきています。どの園でも、これまで行ってきた対応が通用しない保護者が増えているのでしょう。

　保護者との関わりで、保育者が違和感や戸惑いを抱いた場合、彼らは「気になる保護者」の可能性があります。気になる保護者とは、「関わりに工夫が必要な保護者」とも言えます。

　ここでは、気になる保護者をいくつかのタイプに分けて紹介していきます。それぞれの特性をつかんで、関わり方やコミュニケーションのヒントにしてみてください。

知っておこう

気になる保護者＝困っている保護者

　「気になる保護者」の対応の基本は、言動だけに着目するのではなく、その背景を探ることです。目先の言動に振り回されてしまうと、保護者の実態から離れてしまい、いつまでも「気になる保護者」のままになってしまいます。

　また、園全体で支援を考え、対応することも大切です。日常的に保護者について職員全員で同じ情報を共有し、同じ対応をして関わっていきます。

　「気になる保護者」は「困っている保護者」なのだと園全体で受けとめていきましょう。保護者の精神状態によっては、精神科や精神神経科、心療内科につなぐなど、専門機関や施設などの社会資源を活用しなければならない場合もあります。園外の専門機関等とのネットワークを日頃からつくっておきましょう。

●生活や気持ちに余裕がない保護者

・細かいことを一つひとつ質問してくる

質問に答えてもまたすぐ違う質問がきて、同じような質問が続くこともあります。不安が強いタイプだと考えられます。

> 着替えに手間取るので私がやっちゃっていいですか？

> 子どもができそうなら、やらせた方が……

> え!? 朝の忙しい時はどうしたらいいんですか!?

〈保育者の対応〉

抽象的な言葉では、イメージするのが苦手なことが考えられるため、「自分で何でもやりたい時期ですので、"ママ手伝って"と言われたら手伝いましょう」「文字に興味をもつのは一般的に4歳後半からです」など、具体的で明確な答えを心がけ、子どもの育ちへの見通しをもたせましょう。

子どもの発達の状態や、保護者を含めた家庭環境など全体像をつかんで、保護者の不安が高まったときの解消法を一緒に考えてみることも必要です。

・アドバイスを聞いてくれない

生活に関わるアドバイスをしても「やってみたことがあるんですが、うまくいきませんでした」など、否定的な言葉が返ってきます。保育者が繰り返し説明をしても、聞いてもらえません。

> こうしたらどうですか？

> 前にやってみたけどダメでした

> じゃあこうしては……？

> えー、それだと私が大変そう〜！

〈保育者の対応〉

このタイプの保護者は、精神的・時間的余裕がない、自分なりにやったがうまくいかなかった、などの背景から、具体的に対処する意欲がもてないことが考えられます。

対応としては、まずは保護者が子育てで取り組んでいることを認め、ねぎらいましょう。そして、複数のアドバイスを提示して、その中からできそうなものや子どもに合いそうなものを選んでもらうとよいでしょう。

・攻撃的でイライラしている

　不機嫌そうな表情や口調で、保育者からの質問には、一問一答のようになってしまいます。保育者の何気ない一言に敏感に反応して苛立つなど、攻撃的に見えます。

〈保育者の対応〉

　攻撃的な保護者の背景には、不満や不安などがあります。「何が苛立ちにつながっているのか？」という視点で、焦らず話をすることです。ときには腹立たしく思うかもしれませんが、保育者は自分の怒りや苛立ちの気持ちを自覚しつつ、冷静に感情をコントロールするよう努めましょう。

明日、○○の提出日です

明日でいいんですよね！　明日持ってくるつもりでした！

いつも遅れるから言ったんだけど……

●クレーマーやわがままが見られる保護者

・日常的に自分勝手な要求をする

　「保護者会の日程を変えてほしい」「自分の子どもを発表会で主役にしてほしい」など、園で決定したことや子どもの思いよりも自分の思いを優先した要求を言ってきます。

〈保育者の対応〉

　このような要求の背景には、仕事や家庭でうまくいかないことが多く、常に余裕がないことや、わが子を特別扱いしてほしいことなどが考えられます。子どもが体調を崩すと園のせいにすることもあります。クレームの本質は、保育者に"言いたいだけ"なことも多く、「なるほど、そのような行き違いがあったのですね」と整理したり、「そのように思ったいきさつをお聞かせください」とクレームのプロセスを聞くとよいでしょう。とくに、プロセスを聞くことは「あなたに興味がある」ということが伝わり、話をしてスッキリすることもあります。「お忙しいですか？」など相手をねぎらう言葉を中心に話しかけましょう。

うちの子、バナナが好きなのでもう少し給食にバナナを出してください！

うちの子、○○ちゃんが好きなので絶対同じクラスで！

それは……

・数か月に1回、電話での怒りのクレームがある

　クレームを解決しても、またクレームがきます。ここまでの保護者と違う点は、定期的にクレームが入ることです。内容は、「園舎が古いから新しく建て直せないか？」といった園全体に関わることから、「子どもの服の袖にごはん粒がついていた」など細かいものまで幅広いです。

〈保育者の対応〉

　このタイプは、園がストレスのはけ口になっているパターンが多いです。目的がストレス発散であれば、解決策ではなく、満足感を得たいのかもしれません。電話での応対は時間を最小限にしたうえで、日常でこまめに保護者のストレスを発散できるようにします。担任がストレスのはけ口として固定しないように、電話の応対は園長にするなど第三者的な立場の人に担ってもらいましょう。

この間、うちの子だけ半袖で遊んでました！

暑い日だったし、他の子も半袖だったのに……

・行事の度に苦情を言う

　生活発表会や運動会などの行事が終わった後、必ずといってよいほどクレームを言ってくる保護者です。保育者に対して不信感や不満がある可能性が考えられます。

〈保育者の対応〉

　行事の目的がわからず、当日の姿が全てと思っていることが考えられます。行事の目的は、クラスだよりや日常的な会話から周知していき、当日までの過程が大事であることを、写真やコメントで繰り返し伝えていきましょう。

なぜうちの子があの役だったんですか!?

子どもたちが決めたこと、お知らせしたのに……

●発達障害、精神疾患の疑いがある保護者

・発達障害が疑われる

　話がかみ合わず、一方的にまくしたてるように話したり、受け取り方が独特だったりして、意思疎通ができません。ASD の傾向（コミュニケーションに問題がある、一方的に自分が話したいことを伝える、会話のキャッチボールができない）と、ADHD の傾向（忘れ物やなくし物が多い、昨日伝えたことを忘れる）などの障害の可能性が考えられます。

衣服の着脱で困っているようですが……

この間、うちの子に新しい服を買ったんです

新しい服を着せたいんですけど～

・精神疾患が疑われる

　いつも表情が暗い、保育者への反応が乏しい、連絡がなく遅刻・欠席が多い、といった場合、うつ病などの可能性があります。うつ病の症状としては、心の不調、身体の不調が長い、家事や仕事が日によってできるときとできないときがある、夜中に目が覚めて眠れない、寝つきが悪いなどの睡眠の問題がある、午前中体調が優れないため起きることができない、などがあります。

着替えを持ってきていただけますか？

昨日も言ってもらったのに

すみません……

はぁ……

〈保育者の対応〉

　発達障害が疑われる保護者とのコミュニケーションでは、具体的な場面を挙げながら、「衣服の着脱で困っているようですが、おうちではどんな様子ですか？」と、ひとつずつテーマをはっきりさせて話を聞くとよいでしょう。

　また「自分で着替えようとしないので、困っているのですね」など、保護者の発言に言葉を補い要約しながら、意思疎通ができているかを確認しつつ話を進めます。抽象的な表現は理解しにくいため、紙に書きながら話をしたり、話の最後に要点（ズボンの着脱はお母さんが手伝って腰の少し下までもっていき、最後にズボンを上げるのは本人がする、など）を保護者自身に話してもらうのもよいでしょう。

〈保育者の対応〉

　精神疾患については、時期や程度によって対応は異なりますが、基本は保護者を追い詰めないことです。「もう少し早く登園できませんか？」「昨日も言いましたが、着替えの補充をお願いします」などは "そうしたいけどできない" 保護者にとって精神的に負担になるだけです。「保護者の分まで、保育者ができる範囲で子どもを受けとめ愛情を注いでいく」と考えましょう。うつ傾向がある保護者は、身体接触が苦手になるため、子どもとのスキンシップができずに困っているかもしれません。「できる範囲で無理をせず」と保護者に伝えます。

　そのうえで、子どもの話を聞きながら保護者の状態を探っていきます。「○○くんは何時頃に寝ますか？」「その時間からですとお母さんは何時頃に寝るのですか？」「だいぶ遅いですね。なかなか休める時間が取れませんね」とねぎらいつつ、生活の状況を把握していくとよいでしょう。

2章

事例でみる
"気になる子"の保護者

クラスの"気になる子"の保護者への
対応について、具体的に解説します。
どのような対応を心がけるとよいのかを理解し、
実践に生かしましょう。

❶ 子どもの行動を受け入れるのが困難

CASE 1 「家では困っていません」という保護者

子どもの姿

Aくん（4歳児）は、落ち着いて活動に取り組むことが苦手で、製作活動では必ずといっていいほど途中で保育室から勝手に出て行ってしまいます。

また、「ぶつかった・ぶつかっていない」という友達とのトラブルが絶えず、一日に何度もケンカになります。保育者が仲裁に入って話をしても、話がよく理解できないのか、すぐに同じことをしてしまいます。

保護者の様子

保育者が、Aくんの状態をお母さんに伝えようと降園のときに話しても、「家ではとくに困ったことはありませんけど……。たしかに元気ですが、男の子ってそんなもんじゃないですか？」と真剣に受けとめようとしてくれません。

保育者の思い

Aくんの課題をお母さんと共有し、これからのことを一緒に考えていきたかったのですが、向き合おうとしてもらえず、どうしたらよいかわかりません。

考えられる保護者の心情

保育者から話を聞いたお母さんは、「急に自分の子どものよくない面を指摘された」という印象を抱いていないでしょうか。保育者にそのような意図はないとしても、「園ではAくんの行動に困っているんです」と突き放されたように感じて、素直に聞き入れられなくなっている可能性もあります。

1 || 家での様子や保護者の考えを引き出して

家では、保護者の指示が多く、子どもとの関わりが一方的になっている可能性があります。そのため、指示に従うAくんに対して保護者には聞き分けがよく感じられ、困っていないのかもしれません。

このような場合、じっくりと時間をかけながら家での様子を引き出していきましょう。「おうちでは、Aくんは何をして過ごしていますか？」といった言葉かけからはじめて、「しつけなど、子育てで大切にしていることはありますか？」など保護者の考えを聞いていきます。

そのうえで、Aくんとの生活で困っていることや気になっていることを探り、園での実態とすり合わせて、Aくんが困っていることなどを保護者と共有しながら、Aくんの課題に触れていきましょう。

2 || そもそも困るほど接していない可能性も

保護者が仕事で忙しく、Aくんと接している時間が少ないことから、保護者はAくんの課題となっている姿に気づいていないことも考えられます。また、保育者からの指摘がわずらわしい気持ちから、「困っていない」と答えているのかもしれません。

この場合、まずは「最近、お忙しいように見受けられますが、お体は大丈夫ですか？」といったねぎらいの言葉で心をほぐしてから、仕事や生活の状況を聞いていきます。

降園後の生活が慌ただしく、子どもに目を向ける余裕がないようなら、食事は惣菜を活用するなど生活を楽にする提案をしてもよいかもしれません。信頼関係をつくりながら、落ち着いたところで、子どもの姿を丁寧に伝えていくと、受けとめてもらえることがあります。

保護者対応の極意

保護者の生活の実態を探りながら、コミュニケーションを深める

CASE 2 専門機関とのつながりを ためらっている保護者

子どもの姿

Bくん（5歳児）は、ブロック遊びなど自分の好きな遊びは見つけるものの、友達への興味が薄かったり、自分から関わろうとしたりする姿が見られないでいます。また、言語でのコミュニケーションがとりにくく、友達との関わりでは、いつも保育者が間に入って代弁している状況です。

保護者の様子

保護者も、Bくんが人と関わろうとしない姿を心配している様子ですが、専門機関への相談を勧めようとすると、「家では兄弟と問題なく過ごしていますよ」など話をそらされてしまいます。子どもの発達を心配しているものの、何が課題かはっきりするのが怖い様子です。

保育者の思い

早期療育があることをさりげなく話してみたりしますが、こちらの思いが伝わらず、残念な気持ち。とくに就学を控え、「このまま学校に行ったら……」と心配です。Bくんのためには療育機関につなげるのがよいかと思うのですが、はっきりとそう伝えるべきか悩んでいます。

考えられる保護者の心情

「保育者の話をそらす」という行為には、戸惑いや不安が背景にありそうです。Bくんのお母さんにとって専門機関へのアプローチはかなり高いハードルで、パワーが必要なのかもしれません。

1 ║ 専門機関とつながる
メリットを伝える

B くんの保護者は、専門機関と関わるメリットよりも、デメリットの方が多いと感じているのかもしれません。たとえば、「周囲から障害児扱いをされるのではないか」「特別な目で見られるのではないか」といった不安です。

保育者は、このような保護者の心情を想像しながら、「専門機関からの助言を受けることで、子どもの発達を客観的に把握できて、B くんの成長を促すオーダーメイドな支援の手がかりを得ることができます」と言葉をかけて、メリットを伝えましょう。

日頃、保護者が抱いている子どもに対する「なぜ?」が解消でき、B くんと保護者が困っていることを減らすためのきっかけが得られることを伝え、専門機関とのつながりを前向きに捉えてもらうことが大切です。

2 ║ 不安を受けとめ、
身近な会話から始める

保育者は、B くんの日頃の様子から、就学後の生活を心配しています。たしかに、B くんのように代弁を必要とする子どもの場合、小学校での友達関係が難しいことが予想され、焦る気持ちが先行するでしょう。

しかし、このような焦りは、保護者に伝わるものです。焦りが伝わると保護者が身構えてしまうので、まずは「B くん、来年は小学校ですね」と、他児の保護者にも話しかけるような内容で話のきっかけをつくりましょう。

そして、保護者が子どもの様子を受け入れていない雰囲気であれば、一般的な話題(ランドセルの色や勉強机の種類など)から、B くんの小学校生活を具体的にイメージしてもらいましょう。コミュニケーションがスムーズになり、子どもが小学校で困る姿がイメージできるようになったら、「私(保育者)も一緒に相談に行くので、いかがでしょうか?」と提案してみるのもよいでしょう。

公認心理師 | 医師 | 作業療法士

専門機関とつながるメリットを伝えながらも、つなげようと焦らない

CASE 3 保育者との会話を避けようとする保護者

子どもの姿

Cちゃん（5歳児）は、自分のやりたいことには取り組むのですが、ごっこ遊びや係活動などのグループ活動は苦手です。「やりたくない」と言って、保育室から出て行ったり、好きな絵本を持ってきて読んでいたりすることが多いです。友達が誘っても聞こえないふりをしたり、「あっち行ってて」と拒んだりします。

保護者の様子

保育者が、母親に「Cちゃんは最近友達と一緒の活動を嫌がって、しないことが多いです。役割のある活動もしないので、友達も困っているのですが……」と言うと、「やりたくないことも、無理にやらなくてはいけないんですか!?」と少々怒り気味に言い、足早に帰ってしまいました。その日から、登降園時にも保育者と目を合わせずに、さっと帰ってしまいます。

保育者の思い

グループ活動への取り組みは保護者には見えにくいので、実態を伝えたかったのですが避けられてしまいました。なんとかCちゃんにもみんなでする活動を楽しんでもらいたいので、お母さんにも園での姿をわかっていただきたいのですが……。

考えられる保護者の心情

Cちゃんのお母さんは、保育者の「友達も困っているのですが……」という言葉を、お母さんに対するクレームと感じたのかもしれません。「お母さん、Cちゃんをなんとかしてください」というメッセージと受けとめて、頑なになってしまっていることが考えられます。

1 伝えるのは、保護者のため？　自分のため？

　Cちゃんのような行動は、保育者にとっては様々なところで「保育のしづらさ」につながっています。「言うことを聞いてくれなくて困る」「他の子と同じように行動してもらいたい」といった気持ちが出てしまいがちです。

　このような、保育者が対応に困る行動が毎日のように繰り返されると、「この様子を保護者にもわかってもらいたい！」と感情的な気持ちが出てしまうこともあるでしょう。

　そんなときは、子どもの様子を保護者に伝える"目的"を整理しましょう。"保護者のため"と思っていても、時としてそこに「自分（保育者）が楽になりたい」「保護者からもCちゃんにきちんとするよう伝えてほしい」という気持ちがないでしょうか。まずは自分を見つめ直してみましょう。

2 こじれたらいったん距離を置く

　保護者から明らかに避けられていると感じているのであれば、関係を修復しようとやみくもに会話を増やそうとするのは逆効果になることもあります。

　まずは、過剰に意識しないようにして、会話のきっかけがあればテレビの話題や天気の話といった、一般的で子どもの話ではない内容で、フラットに話しましょう。保護者に、「この人は自分を攻撃しようとしているのではない」と思ってもらうことが大切です。

　関係を"良好にする"のではなく、"元に戻す"ように意識すると自然にふるまえるでしょう。

保護者対応の極意

子どもの行動を保護者に伝える"目的"をはっきりさせよう

CASE 4 子どもの「できない」を見ようとしない保護者

子どもの姿

Dくん（5歳児）は、細かい作業のある活動が苦手です。製作活動をしてもすぐに嫌になってしまうようで、「できない」「わからない」と言って、保育者のところに来ます。手先の不器用さがあるのか、衣服の着脱にも時間がかかります。

遊びでは、ドッジボールなど、遊具を使った遊びにも参加する気持ちはあるものの、途中でついていけなくなって遊びから離れてしまうことが多いです。

保護者の様子

園での様子を伝えても「着替えは全部自分でできますけど」「パズルとか、手先を使う遊びもよくしています！」と言われます。保育者が、手先の不器用さからくるDくんの活動での困難を話しても全て否定され、保育者の言葉に耳を傾けようとしてくれません。

保育者の思い

そろそろ就学に向けて、個々の対応を考えていきたいと思っています。不器用さがあることで製作活動や遊びが制限されてしまっていることを考えると、保護者にDくんの状況を理解してもらい、援助を考えたいのですが……。

考えられる保護者の心情

Dくんのお母さんに限らず、人は「自分がうすうす感じていて、認めたくないこと」を他人から指摘されると、感情的に否定したくなるものです。不器用さは、生活の様々なところで見られるので、お母さんはわかっていると考えられます。

1 │ なぜ保護者は受け入れられないのか？を考える

Dくんの保護者の言葉からは、必死に "できること" をアピールしているように感じられます。

保育者は以前からDくんの姿が気になっていたため、会話のところどころで不器用さについて話を出しています。それに対して、保護者は直視したくない気持ちを覚えます。そういったことが蓄積していった結果、「家ではなんでもできますよ！」といった感情的ともとれる反発につながったのかもしれません。

ここまできたら、不器用さの話題は一旦やめて、Dくんの得意なことやおもしろかったエピソードなど、ポジティブな内容を中心に話をするとよいでしょう。

保護者の反発する気持ちが薄れたところで、不器用さに対する保育上の配慮を伝えます。例えば、「紙を切るとき、実際にDくんの手を持って動かすとやりやすいようで、スムーズにできました」など具体的な関わりを伝えることで、少しずつ "このような関わりが必要なわが子" という認識をもつようになっていきます。

2 │ 不器用さ以外に 目を向ける関わりを

手先の不器用さは、子どもの特徴の1つにすぎません。「自分の気持ちを豊かに表現する」「元気に身体を使って遊ぶ」「友達と話し合いながら遊ぶ」など、他にも発達に関して見るべきところはたくさんあります。

もしかすると、保育者も不器用さが気になり、かえって「できる・できない」にこだわってしまっているのかもしれません。Dくんの不器用さを保護者と共有した後のことを考えてみましょう。

Dくんが生活で困っていることへの支援を一緒に考えたり、園でうまくいった関わりを紹介したりするなどして、園と家庭で同じ支援ができることを目指しましょう。

保護者対応の極意

子どもが困っていることへの、支援方法の共有を目指そう

CASE 5 子どもの状態を伝えたら、急に子どもに厳しくなった保護者

子どもの姿

Eちゃん（4歳児）は、お弁当の時間が大好きで、誰よりも早く準備をします。全員そろって食べ始めるのですが、うまく箸を持てないので時間がかかり、いつも最後まで食べています。また、徐々に姿勢が崩れ、肘をついたり食べ物を落としたりしてしまいます。手先を使う製作活動も苦手で、細かい作業を嫌がるようになってきています。

保護者の様子

不器用さが気にかかるため、保護者に伝えたところ「え、そうなんですか？　わかりました。家でも厳しくしつけます」という返事。次の日、登園した際にも「先生に迷惑かけるんじゃないよ、わかった⁉」と、強めな言葉をかけていました。

ちゃんと
して！
わかった⁉

保育者の思い

発達が気になったので、ありのままのEちゃんの様子を伝えただけで、家で厳しくしつけてもらうために言ったわけではないのに……。Eちゃんに悪いことをしたという気持ちが強いです。食事は楽しく食べてほしいのですが、姿勢や食具の持ち方は気になります。

考えられる保護者の心情

食事の場面におけるしつけというと、箸の持ち方からマナーまで、幅広くイメージされがちです。Eちゃんのお母さんは、保育者から「しつけがなっていない」と注意されたと誤解している可能性があります。

1 | 家での姿をベースに 保護者と一緒に考える

Eちゃんの保護者が、"子育ての至らなさ"を指摘されたと受けとめているとすれば、「しつけます」という言葉も納得できます。そこで、保護者の焦る気持ちを理解したうえで、家でのEちゃんの姿を共有していきましょう。

たとえば、「食事の場面では姿勢が崩れやすいことはないですか?」と、家での姿を保護者の言葉から拾い上げていきます。次に、生活をしていくうえで、Eちゃんの課題となっていることを保護者と共有しましょう。

そして、何を目指していくのか、そのためにはどのような支援をすればよいのかを、保護者と一緒に考えていくとよいでしょう。

2 | 厳しいしつけの デメリットを知らせる

保護者が強い態度で子どもに向かう傾向があるのなら、厳しいしつけをすることのデメリットを伝える必要があります。

食事の場は、生活のなかで日常的に繰り返されるため、Eちゃんは一日に何度も注意を受けることになり、「食べたいけど怒られる……」「がんばっているけどうまくできない」といった気持ちが、大きくなっていきかねません。

箸の使い方や、手先の動きが求められる衣服の着脱などは、急に身につくものではなく、繰り返すことで定着するものです。子どもが嫌になってしまわないよう、過度の注意は避け、具体的な支援を工夫しましょう。「細かい食べ物があるときはスプーンを使う」「衣服はトレーナーなどボタンがないもの(少ないもの)を選ぶ」といった具体的な支援を、保護者と相談しながらすすめましょう。

また、子どもに厳しくすることで、保護者自身の不安な気持ちを解消しようとしていることもあります。この場合は、保護者の気持ちを引き出す会話を心がけ、園全体で保護者を見守っていく必要があります。

保護者対応の極意

保護者を励まし、具体的な支援を一緒に考えていく

CASE 6 過保護な保護者

子どもの姿

Fちゃん（5歳児）は、活動をしていると
すぐに友達に「やって」とお願いをする姿が
あり、周囲に助けられながら過ごしています。
折り紙は適当に折るので、角や辺を合わせら
れないのですが、本人は気にしていないよう
です。生活習慣が定着しておらず、衣服の
着脱に補助が必要です。食事の際にはスプー
ンをうまく使えず、食べこぼしも多いです。
年長になった今でもおもらしがあります。

保護者の様子

お母さんに気になることを伝えても、「少
し発達がゆっくりな面がありますが、個性の
範囲」と言われます。生活習慣には無頓着
ですが、おもらしをしても恥ずかしくないよ
うにと、いつもパッドを使用しています。靴
のマジックテープなど、子どもが自分ですべ
きことや、やればできることもやってあげて
しまう姿が見られます。小学校受験を考えて
いて、受験教室には熱心に通い、家でも受
験勉強を頑張っているようです。

保育者の思い

Fちゃんができることを少しずつ増やして
いきたいのですが、経験してほしいことをほ
とんどお母さんがやってしまいます。園では
やろうとする気持ちが見られるので、援助を
しながらすすめていますが、家に帰るとやっ
てもらうので、いつもふりだしに戻ってしま
います。

考えられる保護者の心情

お母さんにとっての優先順位は、Fちゃんの生活習慣の定着よりも受験勉
強になっていて、受験以外のことはできるだけ自分がフォローし、勉強に集
中させてあげたいと思っているのかもしれません。また、クラスの他の子ど
もに目が向きづらく、客観的に発達を捉えられていないようです。

1 子どもの前でできたことを知らせる

Ｆちゃんの保護者には言葉で伝えるのではなく、少し違ったアプローチをしてみましょう。

まずは、保護者よりもＦちゃんに注目します。園での衣服の着脱のとき、保育者が「ここからは自分でやってみよう」と声をかけ、自分でできることを少しずつ増やしていきます。

そして、「ここまでできたね。お母さんに見てもらおう！」と伝え、Ｆちゃんの前で保護者に「今日、自分で最後までズボンを履けたんですよ」などと伝えます。

伝える際のポイントは、"Ｆちゃんの前でほめること"です。これは、Ｆちゃんにできている自分を意識してもらい、保育者やお母さんの評価を自覚するようになるためです。

そのうえで、「おうちでもやってみてください」と伝え、家でもできることを増やしてもらいましょう。

手伝っていい？

いいよ

2 援助のポイントを押さえたアドバイスを

保育者からの「Ｆちゃんは5歳児なので自分でできますよ」といった言葉かけに対して、保護者は5歳児だとどのぐらいできるのかわからないため、気にしないでいることも考えられます。

また、保護者が、子ども自身にやらせる際の言葉が思いつかない可能性もあります。これまで親子での言葉による関わりが少なく、「なんと言葉をかけていいのかわからない」と、援助の言葉が出てこない場合もあります。

そこで保育者は、具体的なアドバイスをしましょう。「まずは、Ｆちゃんが自分でしていることを見ていてください。難しそうだと感じたら、"手伝っていい？"とＦちゃんに聞いてください。"いいよ"って言われたら手伝うようにしましょう」など、援助に入るポイントを押さえてアドバイスするとよいでしょう。

自分でできたね！

保護者対応の極意

子どものできている姿を伝えながら、具体的な援助のポイントを示す

CASE 7 就学に強い不安を抱える保護者

子どもの姿

Gくん(5歳児)は、周りを見てなんでもチャレンジする気持ちをもっていますが、一度で話を理解することが苦手で、生活全般にわたって周囲より遅れ気味です。身体が大きくて、体幹は弱く運動が苦手で、細かな作業も得意ではありません。頑張る気持ちが強い反面、友達と自分を比べてしまい、できないことへの苛立ちや遅れてしまうことへの不安感が見られるようになってきました。

帽子を取ってこなくちゃ！

え、なに？

保護者の様子

3歳児の頃から年数回、園と面談を行い、Gくんの現状を共有して、市の発達支援センターにも通わせています。母親もGくんの苦手なことを理解し、苦手克服のために努力をしてきました。就学を目前に母親が面談を希望し、普通学級への進学を希望してはいますが、本人のペースを考えると、いじめられたりからかわれたりしないかと、不安を訴えてこられました。

保育者の思い

4・5歳児クラスを通して担任だったため、就学に向けての相談もスムーズに行えています。Gくんの成長をよく知っているなかで、Gくんのためには少人数で対応してもらえる支援学級がよいのではないかと考えているのですが……。

考えられる保護者の心情

Gくんのお母さん自身の願いと、Gくんへの心配の両方が混ざっているようです。みんなと同じように普通学級に通ってほしいという願いがありつつ、集団についていけないかもしれないという心配の気持ちももっている状態です。このような保護者は、子どもを肯定する気持ちと悲観する気持ちが、めまぐるしく変わることが特徴です。

1 "漠然とした不安"から "具体的な心配"に変える

Ｇくんの保護者は、就学に向けて準備する時期になり、小学校を強く意識してイメージを膨らませているのでしょう。先のことを考えて不安に思うことや心配事が次々と出てきて、神経質になっているのかもしれません。

そこで、就学に焦点を絞って保護者と話してみましょう。保育者は聞き役に徹し、話をしながら保護者の漠然とした不安を整理できるようにします。「そこが心配なのですね」など、心配なことを明確にしながら、共感的な姿勢で話を聞いていきましょう。

保護者が遠くを見く途方にくれる状態から、近くのことに目を向け、少しずつでも歩みをすすめていけるように、心配事に対してどのような環境で、どのような支援を受けるのがよいのかを一緒に考えます。そのなかで、発達支援センターと連絡をとり、情報の共有と対応を模索する提案をしていきましょう。

2 先輩ママへの 橋渡しをする

気になる子の保護者は、就学の際に強い不安や戸惑いを抱きます、そこで、頼りになるのが気になる子の先輩ママです。

同じような気持ちを抱き、乗り越えていった先輩ママは、自分も体験しているだけに実感を伴った話ができます。「学力が心配だったけど、個別の指導があるから何とかついていっている。うちの子には合っているかも」「遊びのペースが似ている子が集まるから、休み時間も楽しいらしい」など、具体的で先の見通しがもてる話が聞けて、メリットがたくさんあります。保育者は、そんな先輩ママへの橋渡しをするのも1つの方法です。

気になる子の保護者と良好な関係をつくり、卒園後も継続的なつながりをもつようにしていくと、いずれはそんな心強いサポーターにもなってもらえるでしょう。

授業についていけるか心配で…

保護者対応の極意

共感的な姿勢で「何が不安なのか」を明確にして、一緒に考える

CASE 8 友達関係に心配を抱えている保護者

子どもの姿

Hくん（5歳児）は、自分で考えることが苦手で、いつも両親や友達に言われたとおりに動き、自信のない様子が見られます。友達の遊びにも後からついていくことが多く、好きな友達が自分のことを好きなのか、不安に思っているようです。家では、園であった嫌なことを両親に話すことが多い様子です。

遊んでいたおもちゃを取られたと言ってるのですが…

保護者の様子

園での様子が気になり、子どもにいろいろ話を聞き、「○○された！」と言うのを聞いては心配になって園に電話してきます。面談をすると「うちの子は友達からいいようにされることが多い。小学校に行ってもついていけないのでは……」などと言われることも多いです。

保育者の思い

できる限り、園でHくんが元気に過ごしている様子を伝えていますが、「うちの子はそうは言っていません」と否定されてしまい、なかなかわかってもらえません。心配ないことを伝えても「でも」「やっぱり」など、否定的でマイナスな表現で返されてしまいます。

考えられる保護者の心情

お母さんは、Hくんの友達関係が心配でしかたないと同時に、Hくんからの情報を冷静に受け止められない、というふたつの気持ちが混ざっているようです。さらに、保育者からのHくんに関する情報も受け入れられなかったり、不信感を抱いたりしているのかもしれません。

1 見通しがもてるよう、伝え方に工夫を

Hくんの保護者のように断片的な情報で不安を募らせてしまうタイプには、こまめに情報を流しましょう。

子どもが園での様子などを話すときは、情報が断片的だったり自分中心の見え方になったりするものです。それを補い、園での様子を客観的に伝えるには、工夫が求められます。

例えば、主活動などを「事前」「事後」に分けて報告するのも一案です。「今日は、○○をみんなでします」と伝え、その日の帰りに「今日した○○ですが、Hくんは〜」とその活動の様子を伝えます。

あらかじめ活動を知らせておいて、その後に具体的な様子を伝える、という流れで話をすると、保護者のなかで見通しができ、「必要な情報を伝えてもらえる」という認識に変わっていきます。

2 ゆっくりと信頼を積み重ねていく

保護者の心配には、元気に遊んでいる姿を伝えます。「友達からヒーローごっこに誘われて、怪獣役を頼まれていました。最初は不満そうでしたが、やっていくうちに少しずつ盛り上がって、最後にはすっかりなりきって遊んでいました」など、遊びのプロセスを写真などでも示しながら伝えます。

この積み重ねによって、子どもからの情報だけでなく、客観的な状況が伝わり、園への信頼も得られるようになるでしょう。

Hくんの保護者はHくんと似ていて、ひとつのことが気になってしまうと思い込むタイプなのかもしれません。その場合は、Hくんに効果があった話し方があれば、お母さんにも応用してみるのも効果があるかもしれません。

保護者対応の極意

状況を丁寧に説明し、子どもの成長がイメージできるよう心がける

CASE 9 保育者を信頼していない保護者

子どもの姿

Iくん（4歳児）は、自分の思い通りにいかないことがあるとすぐに手が出てしまいます。保育者が他児とのトラブルの仲裁に入るのですが、気持ちを抑えることができないようで、なかなか改善されません。また、忘れ物が多いのですが、本人は困っていない様子です。

保護者の様子

担任が他児とのトラブルを伝えようとしても、母親は聞くのが嫌なようで、視線も合わせず「じゃ、謝ればいいんですね」と早々に切り上げてしまいます。忘れ物に関しても指摘されるのを避けるように、必要な持ち物を担任にではなく、別のクラスの保育者に確認するようになってしまっています。

保育者の思い

トラブルが多いため、Iくんの課題ばかりを伝えすぎてしまったからこうなってしまったのかと反省しています。一日も早く、保護者の気持ちが担任に向いてくれるとよいのですが……。

考えられる保護者の心情

会う度に子どものトラブルについて聞かされるので、保育者に対してわずらわしい気持ちが強くなっているようです。保育者からの話が保護者にとって、耳が痛いことばかりになっているため、「聞きたくない！」とシャットアウトしている可能性があります。

1 ‖ 子どもの"よい面"を意識して伝える

保育者からの声かけがトラブルの話題に集中してしまうと、"声をかけられる＝注意される"と感じられてしまいます。

これが積み重なると、「|くんのお母さん」と声をかけただけなのに身構えてしまい、「何を言われるのだろう」「どうしていつも私だけ嫌なことを言われなければならないの」という気持ちが増えていきます。

このような状況を改善するには、意識して|くんの得意なことや集中して遊んでいたことなど、保護者が聞いてうれしいことを話すよう心がけましょう。|くんが保育者に認められていることが具体的に伝わると、"最初から聞かない"といった姿勢はなくなっていくでしょう。

時間はかかりますが、このようなやりとりを積み重ねて、信頼を取り戻していきましょう。

2 ‖ トラブルを報告する"目的"を明確に

保育者の話が"報告"なのか"トラブルを起こした相手への謝罪の要請"なのか、保護者にうまく伝わっていない可能性もあります。どちらかわからないから、「じゃ、謝ればいいんですね」と感情的になってしまうのかもしれません。

保育者は、トラブルを伝える際の"目的"をはっきりさせて伝えるようにしましょう。たとえば、「トラブルになった○○くんのお母さんには、一言声をかけていただけますか」「状況をお知らせしましたが、子ども同士で話が終わっているので、○○くんのお母さんへの声かけは不要です」といった伝え方があります。

3 ‖ 保護者の過去の経験が原因かも

保護者が担任を信頼できない原因のひとつに、保護者自身の経験が関わっていることもあります。保護者が幼少期にいじめにあって担任が助けてくれなかったり、何もしていないのに疑われたりした、などの経験がある場合、責められていると感じると、拒絶反応を起こしてしまうことも考えられます。

|くんの保護者の状況を園で共有しながら、「他の保育者に任せることが多くなるかもしれない」ぐらいのおおらかさをもって、時間をかけて接していきましょう。

保護者対応の極意

子どもを肯定する態度を示し、信頼の回復に努める

CASE 10 ADHD（注意欠陥・多動性障害）傾向がある保護者

子どもの姿

Jくん（3歳児）は、ようやく園生活に慣れて、朝の身支度を自分でもしようとしています。しかし、毎日足りない持ち物があり、「コップなーい！」「タオルなーい！」と怒ったり大泣きしたりしています。「大丈夫、今日は貸してあげるね」と保育者が言っても、物を投げたり友達をたたいたりして、そのまま園庭に走って行ってしまいます。

保護者の様子

忘れ物でJくんが困ったことを伝えても、翌日も同じ状態です。提出物や着替えも何度も催促しなければならず、その場では「わかりました」と言いますが、なかなか持ってこられません。また、何度も催促をされるとイライラされるようです。

保育者の思い

Jくんにとっては自分で身支度や物の始末ができるようになることは、とても大事なことです。でも、いつも自分の物がないことで気持ちがくじけてしまい、取り戻すのが大変なので残念です。お母さんがもう少し頑張ってくれたら、と思いますが……。

考えられる保護者の心情

簡単に記憶しておくことができそうなことでも、Jくんのお母さんにとっては難しいのかもしれません。最初は「しまった！」という気持ちがあっても、回数が重なるごとに「忘れてしまったんだから、しかたないでしょ！」など、諦めの気持ちが強くなっているのではないでしょうか。

1 || 保育者の話を保護者が忘れないような工夫を

ADHD傾向がある保護者は、忘れ物や物をなくすことが多い、相手の話を最後まで聞けない、注意が続かずに気が移りやすい、といった特徴があります。Jくんのお母さんは、保育者と話しているときは覚えているのですが、別のことをしているうちにそれを忘れてしまうのかもしれません。

必要なことはメモやおたよりなど、目に見えて残る形で連絡事項を伝えましょう。ただし、メモをなくしてしまうことも少なくないため、通園バッグに連絡帳を付けてその中にはさむなど、工夫をしてもらいましょう。

2 || 伝達事項は具体的に

日頃の仕事の忙しさから、忘れ物が多い保護者も増えています。伝達事項は、あいまいな表現で伝えるのは避けましょう。「できるだけ早めに」といった抽象的な表現だと、「急ぎでなく重要でもない」と感じてしまいます。提出物であれば箇条書きのおたよりにし、期限や内容を明確にするなど、要点を簡潔に伝えましょう。

3 || 伝え方にひと工夫を

また、ADHD傾向の特徴として、注意が逸れやすかったり、話の要点が絞れなかったりすることがあり、そのために忘れてしまうことも考えられます。伝達事項は文章を短くして、結論から話すと効果的です。何について話をしているのか途中で見失ってしまうと、それ以降の会話が上の空になることがあるので注意が必要です。

話したい気持ちが強く、最後まで話を聞けないタイプもいます。話し出そうとしたときには、やわらかい表情で「私が話し終わるまで、もう少し聞いていただけますか？」と伝えます。話し終えたら、「ではどうぞ」と、自分が話す番ということを伝えるとよいでしょう。

「○日」までに「△△」を持ってきてください

保護者対応の極意

わかりやすさを重視し、覚えていられる工夫を心がける

ASD（自閉症スペクトラム障害）傾向がある保護者

子どもの姿

Kくん（5歳児）は、乳児のころからASDの診断を受けており、療育にも通っています。急な予定の変更があるとパニックになる、他の子と関わろうとしない、などの姿が見られます。お母さんは下のお子さんが生まれたばかりなので、年長組になってからはお父さんが送迎するようになりました。

明日は雨が降りそうですね
もし雨が降った場合は…

保護者の様子

登園時に、翌日の遠足の件でKくんのお父さんに声をかけました。「明日は雨が降りそうですね。もし雨が降った場合は別の場所に行きますが、持ち物などには変更はありませんので、一斉の連絡メールは流さないことをお母さんにお伝えください。」その後、お母さんから「すみません、主人から先生の話を聞いたのですが、要領を得なくて……」と電話がきました。

保育者の思い

できるだけ丁寧に伝えようと思ったのですが、かえって混乱させてしまったようです。Kくんの送り迎えは主にお父さんですが、これまでも柔軟な対応を求める際などに、意図が思うように伝わらないことがありました。どのような対応がよいのか、考えてしまいます。

考えられる保護者の心情

お父さんには、Kくんと同じ行動の特徴がありそうです。ASDの特性のひとつに "柔軟性に欠ける" ということがあります。この事例のように "○○の場合は△△" といった融通をきかせた対応が求められるとき、認識することが難しいようです。

1 お願いしたいことを、結論から簡潔に伝える

Ｋくんが予定の変更を苦手とする背景には、"物事を柔軟に考えられない"ことがあります。Ｋくんのお父さんも、"○○の場合は△△"といった話をうまく理解できないことから、同じ特徴があると考えられます。

また、ASD の子どもと同じように、初めて訪れる場所に慣れるまで時間がかかることも特徴のひとつです。そのため、年長になってから送迎をすることになったお父さんにとって、送迎自体に緊張や不安があって、うまく話を聞けなかったのかもしれません。

この場合、保育者は「雨が降っても、持ち物に変更はありません。このことをお母さんに伝えてください」と言いたいことを簡潔にまとめ、ストレートに伝えましょう。場合によっては、「後でお母さんに連絡をします、と伝えてください」という伝言だけでもよいでしょう。

2 視覚に訴える接し方を心がける

Ｋくんのお父さんのような傾向がわかった場合は、情報の伝達方法そのものを検討する必要があります。

保護者が情報の受け取りを苦痛に感じてしまうと、保育者とのコミュニケーションそのものを避けてしまい、基本的な信頼関係がつくれなくなる恐れがあります。そのため、保護者に負担の少ない伝え方を工夫しましょう。

たとえば、書いたものを見せながら話をすると安心されます。さらに、メモやおたよりには、見てもらいたい箇所にマーカーや下線をひいたりするのもおすすめです。

簡潔かつ丁寧な働きかけで、正確な情報が伝わるよう心がけましょう。

保護者対応の極意

情報伝達の基本は、「結論から話す」＆「目で見てわかる」

CASE 12 父親がアスペルガー症候群で困っている母親

子どもの姿

Lくん（5歳児）はASD（自閉症スペクトラム障害）が疑われています。園では友達とはあまり遊ばず、電車や国旗などのカタログ的な本を好み、一人で読んでいることが多いです。「デブだね」など友達が嫌がることを平気で言って周りを嫌な気持ちにさせ、トラブルになることが多く見られます。

保護者の様子

お母さんにLくんの様子を伝えると、「実は、パパはアスペルガー症候群と言われたことがあるそうで、私に"ふけたな"と言うとか、同じようなことがあります。パパに"お風呂見てきて"と頼んだら、文字通り"見てきた"だけで浴槽からお湯があふれていたことも……」と、Lくんと同じくらい父親への接し方がわからず、疲れきっている様子。Lくんのことを父方の祖母に相談しても、「パパ（父親）はもっと大変だった」と取り合ってもらえないようです。

保育者の思い

お母さんは、Lくんにもお父さんへの関わりにも悩んでいるようですが、どのように助言してよいのか正直わかりません。いつも疲れている様子で、とても心配です。何とか力になりたいのですが……。

考えられる保護者の心情

お父さんの様子を周囲にわかってもらえない状態です。一般的なレベルとはくらべものにならない疲労感がうかがえます。話の通じないお父さんを前に、「私が未熟なのかも」「広い心をもたないと」と自分を責める気持ちが強くなってどんどん追い込まれ、場合によっては重い心身の不調につながることもあります。

1 ┃「話せばわかる」など 一般論を持ち出さない

近年の研究では、子どもに発達障害がある場合、保護者も発達障害傾向があることが確認されてきています。もちろん、全ての親子に当てはまるわけではありません。

Lくんのように子どもに発達障害が疑われた場合、生活上の悩みや不安を解消するために、夫婦間のコミュニケーションは不可欠です。子どもの課題をともに検討し、協力してサポートする必要があるからです。しかし、Lくんのお父さんのように思うようにコミュニケーションがとれないと、お母さんのストレスは過大になります。

このような状態にあると、「私が至らないから夫はわかってくれない」と自己評価が低くなったり、「どうせ人に言ったところでわかってもらえない」と人に会うのが嫌になったりして、心身ともに疲弊してしまいがちです。

このような状態のお母さんには、孤独に陥らないように積極的に話を聞くようにしましょう。その際「男はみんなそんなもの」「どの家でも大なり小なりパートナーへの不満はある」などと、一般論として話を終わらせないようにすることが大切です。

2 ┃相談できる専門機関を 紹介する

Lくんのお母さんのような、いつも疲れている状態が続くと、はつらつとした気持ちがもてなかったり、自分を見失ったり、体重が激減したり、場合によっては精神疾患に陥ったりします。心身ともに崩れている様子であれば、心療内科やメンタルクリニックなどの医療機関への受診を勧めましょう。また、「カサンドラ症候群（パートナーがアスペルガー症候群で情緒的な交流が築けないために不安や抑うつが出る状態）」というキーワードで検索すると、情報が得られることを伝えてもよいでしょう。

アスペルガー症候群のお父さんに関しては、専門家の助言をあおぐよう促すことも有効です。近年では成人期の発達障害外来のある病院も増えてきていて、相談することができます。インターネット上で発達障害を専門とする病院の検索をすすめるのもよいでしょう。

発達障害があるパートナーへの声かけや、生活の仕方など、専門の医師は様々な助言をしてくれるはずです。母親の不調はすぐ子どもに影響するので、お母さんを守ることも保育者の仕事のひとつと考えましょう。

保護者対応の極意

お母さんに寄り添いながら、専門家へつなげることも視野に入れる

知的に遅れのある子どもの
保護者への支援

知的に遅れのある子どもの特徴と表れ方

知的な遅れがある子どもは、保育中「保育者からの問いかけに反応せず、ボーッとする」「活動中、周囲をキョロキョロ見ている」「尿意・便意や体調不良を感じづらい」「姿勢保持が難しい」「手先が不器用」などの様子が見られます。

発達障害がある子どもとの特徴的な違いは、知的な遅れがある子どもは「たとえ集中していても保育者の言葉や状況を理解できていない」ということです。たとえば、製作活動において「作品を完成できない」という同じ結果になったとしても、その理由に違いがあります。発達障害がある子どもは、「他のことに気がそれる」「こだわりがあって活動にのれない」などの理由であることが多いのに対し、知的に遅れがある子どもは、「手順や物の名前がわからない」などの理由から完成できないことが多いです。そのため保育にあたっては、子どもが「保育者の言葉や、今やることをどれくらい理解しているか」を把握することが大切になります。

わかる言葉は…

保護者への理解と支援

保護者への支援の基本として、まずは園で子どもができていることや、園でしている援助の方法を具体的に伝えていきましょう。

知的に遅れがある子どもは、たとえば買い物ひとつでも、「すぐ迷子になる」「商品にさわる」といったことが起こりがちです。保護者は落ちついて買い物ができないなど、時間や場所を問わず、常に困っていることが多いものです。さらに、手がかかるわが子を園に預かってもらっているという意識から、保育者に対して申し訳ない気持ちも強くなりがちです。

このような状態を理解したうえで、「手順を細かくして伝えるとわかりやすいようです」「○○ちゃんが聞いてわかる言葉を教えてください」など、保護者が安心して家庭と園で同じ援助ができる協力体制をともにつくっていきましょう。

年齢の低い気になる子の
保護者への支援

3歳未満の 気になる子の特徴と表れ方

　3歳未満の子どもは、発達に個人差が大きい時期です。このことを念頭に置いたうえで、以下のような姿が見られる場合は、より細やかな観察と配慮が必要になります。

特徴①：言葉の遅れ

　「発語がない」「言葉数が増えていかない」「一語文から二語文にならない」など。人は、聞こえないと話せないので、まずは「聞こえていないのでは」という聴覚の課題も視野に入れましょう。聴覚の障害の可能性が低く、「会話がずれる」「一方的に話をする」などの様子が見られたら、自閉症スペクトラム障害の可能性もあります。

特徴②：理解の遅れ

　「保育中、立ち歩いたり、寝そべったりする」など。小さな子どもは「わからない」「もう一回言って」などと聞き返したりしないため、保育者は子どもが理解できているかを意識して言葉をかける必要があります。また、基本的生活習慣が定着しづらい面もあります。

特徴③：人との関わりが困難

　「人と関われない」など。関わり方がわからない、しつこくなる、などの理由からけんかが絶えない、また逆に、人と関わろうとせずに自分の世界だけに浸っていることもあります。聴覚の障害があって自分の世界に没頭するケースも考えられます。

年齢が低いと障害は見極めにくい

　3歳未満の子どもは、発達に個人差が大きいため、仮に医療機関を受診しても明確な診断がつかないことが多いでしょう。また、医師や専門家は、受診時の子どもの姿と保護者との質疑応答で障害の有無や傾向を判断しますが、受診時には、子どもが慣れない場所に緊張していつもと違う姿を見せたり、保護者も専門家を前にして、できないこともつい「できます」と言ってしまったりすることもあり、日常の姿が見えないことも診断が難しい理由のひとつです。

　難しいのは、子どもの姿に対し、保護者は気にしていなくても、保育者が気になっている場合です。この場合、保護者に医療機関への受診を勧めるのは控えた方がよいでしょう。受診をしても「様子を見ましょう」と言われることが多いため、保育者が障害のレッテルを貼ったと受け取られ、その後の関係構築が難しくなることがあるためです。

　とはいっても、放っておいてよいということではありません。園ではその子の特性を理解し、専門家の助言も得ながら、特性にあった支援を具体的に考えていきましょう。

ADHD（多動性型）の子どもは、保護者からどう見えているか

「元気でわんぱくな子」「子どもらしい子ども」

　ADHDで多動性の傾向が強いタイプの子どもの保護者は、子どもが「質問が終わらないうちに答える」「場所に関係なく走り回る」「順番が待てない」など、一緒にいると気が休まらないことが多いでしょう。

　しかし、このタイプの子どもの行動は、いわゆる"子どもらしい子ども""わんぱく"というイメージに当てはまるため、保護者は「元気があっていい」とプラスに捉えていることがあります。また、このタイプは、時代や場所が違えば一転してプラスの評価になることがあります。例えば、数十年前であれば「これくらいパワフルな方が元気があっていい」と肯定的に受けとめられたでしょうし、自然豊かな場所で生活していれば、走り回っても問題がないため特性があっても目立たないといえます。

　保護者は、気になる面があっても、そういった価値観を当てはめて「うちの子はちょっとやんちゃなだけ」「男の子なんだから、このくらいは普通」と思っているかもしれません。

ぼくも昔は…

自分も同じ傾向があり、障害だと思っていない

　保護者もADHDの多動性の傾向が強いという特性をもっている場合は、そもそも子どもの状態を困っていることとして捉えていない可能性があります。保護者自身も小さい頃、いつも元気があってケガが絶えないながらも楽しく過ごしていた経験があれば、子どもの繰り返される行動に対して、「自分と同じ」と肯定的に捉えるのは自然なことです。仮に子どものADHDを疑ったとしても、それは幼少期の自分をもADHDだと認めることになるので、受け入れ難い選択肢といえるでしょう。

　保護者自身が現在も、社会生活のなかで衝動的な行動をとっている場合もあります。そういった保護者のもとでは、家族が子どもの行動を問題視せずに、理解を示すことが多いです。

元気だな

ADHD（不注意型）の子どもは、保護者からどう見えているか

「のんびり屋さん」「おっとりしている子」

　ADHDで不注意の傾向が強いタイプの子どもは、衝動性が強い子どもと違って周囲とのいざこざやかんしゃくが少なく、保護者が困ることがないため、個性として受けとめられていることが多いです。

　特に女児の場合、「のんびり屋さん」「おっとりタイプ」と見られ、本人が困っていても保護者が気づかないことがよくあります。園では、リーダーシップがあって世話好きな友達に何かと手助けされて、仲良く一緒に過ごしています。しかし、よく観察をするとリーダーの言いなりになっているだけで、園生活において、自分で考えたり行動したりする場面が極端に少ないことが見られます。しかし保護者は、「うちの子は、○○ちゃん（リーダーシップのある友達）が好きだから」という一言ですませてしまうことが多く、気になる姿にはなかなか目が行きません。

「やればできる子」

　このタイプの子どもは、やることが明らかになっていたり、集中できる環境にいたりすれば、ある程度作業に没頭することができます。しかし、自分の意見を言ったり、考えをまとめたりする課題などは、とたんに難しくなります。

　保護者は、子どもができたことの背景を「見通しがあったから／静かな環境だから、できた」など、「条件が整っていたからできたけれど、そうでなければできない」と理解することは難しいです。つまり、できるときとできないときの違い（＝特性）を把握することは困難といえます。保護者は「できるとき」の印象が強いので、子どもが自ら課題などに取り組むのが難しくても、「やる気が起きるまで時間がかかる子」「やるときはやる子」と理解しようとします。

ASD（自閉症スペクトラム障害）の子どもは、保護者からどう見えているか

「うちの子は天才かも」

　ASD（自閉症スペクトラム障害）の傾向がある子どものなかには、数字や文字、アルファベットに強い関心を示す子どもがいます。また、カタログ的なもの（国旗や車種など）に興味を示し、大人顔負けの知識を披露する子どももいます。保護者は、どんどん漢字や知識を吸収していくわが子を見て「この子は天才なのかも！」と喜んだりします。他の子どもと興味や関心が違うので、「うちの子は特別」と捉えている保護者も少なくありません。

　例えば、発表会など、みんなで取り組む活動に興味を示さない場合、保育者が保護者に協力依頼や相談をしても「うちの子は、発表会の内容を幼いと感じているのでは。もっと難しいお話（内容）であればやると思います」と返されることもあります。さらには、保育者が子どもの才能をねたんで発言していると感じている保護者さえいます。また、5歳児ぐらいだと、一人遊びばかりで友達と一切遊ばない姿に対して「他の子がうちの子のレベルについていけない」と考え、心配しない保護者もいます。

「本番に強い子」

　ASD傾向がある場合、集団に参加することが苦手な子どもがいます。発表会や運動会などでは、練習中の子どもたちのザワザワ動く音やにぎやかな声を不快に感じたり、急な予定変更が苦手なため、そういった場面でパニックになったりすることもあります。

　このような姿を保護者に伝えると、当然保護者は当日、心配な気持ちで見守ります。しかしこのタイプの子どもは、いつもと違う環境によって不適応な行動が影をひそめ、驚くほど立派に参加することがあります。すると保護者は、「本番に強い子」「勝負どきがわかる子」と受け取ることになります。

3章

事例でみる
気になる保護者

保育者が対応に苦慮する
「気になる保護者」の存在も、
見過ごすことはできません。具体的な事例から、
支援のポイントを解説していきます。

わがままな保護者

子どもの姿

　Mちゃん（4歳児）は体格がよい女の子。よく食べ、最近は本人も気にするぐらい太ってきています。体を動かすことが好きな方でしたが、運動会に向けてのかけっこや縄跳びなどを嫌がるようになり、友達とのおにごっこでも「すぐタッチされるし、速く走れないからやらない」といった発言が出てきました。

保護者の様子

　Mちゃんのお母さんは、何かあると子どものケアを保育者に頼んできます。先日も「最近甘い物ばかり食べているからか、どんどん太ってきているんです。やせるために、園でもっと散歩や体を動かす遊びを増やすとか、何かしてもらえませんか？」と言ってきました。

もっと動く
遊びを
させて！

保育者の思い

　これまでも、Mちゃんだけ別メニューの給食を要望するなど、一方的ともいえる要求を保育者にしてくることがあったお母さん。お母さんから次々に出てくる、わがままともとれる要求に、どこまで対応したらよいのかわかりません。

考えられる保護者の心情

　お母さんは、「Mちゃんの肥満を何とかしてあげたい」という気持ちでいっぱいな様子です。心配する気持ちが強い一方で、「もっと自分ができる方法はないか？」といったことを考えるという発想はないようです。

1 | 子どもを思う気持ちを受けとめる

「困ったことを言ってくるお母さん」という視点から、「常にMちゃんを心配しているお母さん」という視点に変えてみましょう。その気持ちに寄り添ったうえで、保育内容や給食については、バランスよく取り入れていることを伝えて理解を求めます。

保育のねらいや活動内容を理解してもらうには、口頭でのコミュニケーションとともに、園だよりやクラスだより、連絡帳や保護者会など、多様なツールや場で発信していく必要があります。

2 | 家庭生活の重要性を理解してもらう

Mちゃんが甘いものを食べているというのは家庭でのことです。家庭での食生活を支えるお母さんと一緒に振り返って、食生活を整える提案をしましょう。子どもの健康面のサポートには、家族の理解と協力が不可欠なことを伝え、「何をどのタイミングで、どのくらい食べるか」といったところから食生活の確認をしましょう。

同時に、園でできることも考えていきましょう。食事をゆっくりと食べる習慣をつけるための工夫や、Mちゃんが楽しんで運動量を増やせる活動を考えるのもよいでしょう。

3 | 園でできることと、できないことを明確に

お母さんから要求があったら、園でできることとできないことを明確に伝えます。Mちゃんのお母さんのように思いが強い場合、あいまいに伝えてしまうと、保護者にとって都合よく捉えられる傾向があります。受け入れられないことは、理由とともにはっきりと伝えることが重要です。

保護者対応の極意

保護者の気持ちを認めつつ、園でできることとできないことをはっきり伝える

CASE 14 クレームの多い保護者

子どもの姿

　Nくんは、2歳児クラスから進級したばかりの3歳児です。子どもらしい一面も見られると同時に、ややわがままで、親や保育者の目を意識して生活している様子も見られます。

保護者の様子

　3歳児クラスへの進級当初より、何かにつけて不平不満を訴えてくる保護者。午睡の時間やおやつの内容など、細かな部分について他園と比較しながら話してきたり、園を通り越して市へクレームの電話をすることもあります。「みんなそう思っている」「他の保護者も言っている」などと周りを巻き込んで話を大きくするため、周囲の保護者も若干閉口気味で、送迎の時などは避けている様子も見られるようになってきました。

みんな
言ってます

保育者の思い

　最初は、子育てに一所懸命でよく質問をしてくる保護者という印象でした。話を聞き、要望を叶えつつ、できること、できないことを伝えて対応してきましたが、対応についても重ねてクレームを言ってくる状態に、頭を悩ませています。市から園へ連絡が来て初めて知るケースもあり、振り回されています。

考えられる保護者の心情

　新しい情報を好んだり、思い込みが強かったりする保護者の場合、クレームが増える傾向があります。行動する力があるので、思ったらすぐに身体が動いてしまいます。本人に悪意はなく、新しい情報や有益だと思う情報を伝えているだけ、という認識なのかもしれません。

1 | 管理職も同席の面談で園への理解を深めてもらう

　Nくんの保護者の要求は、保育内容に関わる問題です。つまり、園の理念や保育方法に異を唱えている形となります。ですから、担任保育者による工夫や配慮だけでは変えることができません。あらためて、保育の意図やねらいを理解してもらう意味でも管理職に入ってもらって面談をしましょう。

　また、Nくんのお母さんのようなタイプは、年配の人が話す方が納得しやすい傾向があります。この点も踏まえて、管理職も同席しての面談にしましょう。

　さらに保護者のなかには、園側に訴えを理解してもらえないと感じると、園を越えて行政に訴える保護者もいます。このような事態になると管理職が対応することになるので、日頃から十分に情報を共有しておく必要があります。

2 | クラスだよりや保護者会で園の理念などを発信する

　Nくんのお母さんは行動力があり、物事をすすめていく力があります。ですからこのようなクレームを、直接担任保育者に訴えてくることができます。しかし、行動に移さないまでもNくんのお母さんのような意見をもつ保護者は他にもいる可能性があります。

　そこで、日常的に園の保育について理解してもらうために、クラスだよりや保護者会などを活用しましょう。

　園の理念や考え方を理解してもらうと、細かい部分については安心して任せてもらえるようになります。Nくんのお母さんのようなタイプの保護者は、逆に強力な味方となってくれることもあります。日頃から活動の様子を写真で見せるなどして、日常的に保護者の理解を図っていきましょう。

保護者対応の極意

管理職にも関わってもらいながら、日常的に園への理解を図っていく

CASE 15 思うようにコミュニケーションがとれない外国籍の保護者

子どもの姿

外国籍のOくん（3歳児）は、3歳児クラスに入園して初めて日本語に触れました。それまでは母国語だけの生活だったため、保育者の言葉がわからない様子です。製作活動では途中で席を離れたり、大きな声を出したりします。自由に遊んでいても、友達のおもちゃを突然取ったり、黙ってたたいたりするなどのトラブルも多く見られます。

保護者の様子

両親が日本に来てまだ日が浅いため、言葉の理解が十分ではなく、Oくんの姿についての話や、園行事の説明、提出する書類等について、伝わらないことが多々あります。また、登園時刻や行事等の集合時間に遅れることが多く見られますが、保護者自身は気にしていないように見えます。

保育者の思い

コミュニケーションがとりづらいうえ、日本の行事等の説明はさらに難しく感じます。また、保育中に見られるOくんの様子は、言葉がわからないためなのか、発達に課題があるからなのかの判断が難しく、どのような対応をすればよいかわかりません。

考えられる保護者の心情　保育者と同じくらい、Oくんの保護者も困っているはずです。不慣れな環境からストレスを抱えていることも予想できます。また、文化の違いを強く感じているのは保護者の方かもしれません。

1 優先順位をつけて伝える

日本に来てからの日が浅く、言葉の理解が追いついていないことを考えると、保育者は「ちゃんと伝えないと！」と気負わない方がよいでしょう。会う度に、慣れない言葉で情報を細かく伝えられたら、困ってしまうのは当然です。まずは緊急性があるものとそうでないものを分けて当面の優先順位を検討し、優先順位の高いことから伝えるようにしましょう。

優先順位が高い	けがや病気に関すること（本人の体調、友達にけがをさせたことなど）
優先順位は普通	知っておいてもらいたい園の約束、食事のこと、持参するもの、子どもの様子（よかったこと）
優先順位が低い	子どもの様子（あまりよくなかったこと）、家庭で取り組んでもらいたいこと

2 わかりやすく伝わりやすい工夫を

○くんの保護者は、口頭での伝達よりもおたよりの方が難しいと感じているはずです。口頭によるコミュニケーションは生活のなかで頻繁に接し、表情や身ぶりでも伝わりますが、文字での理解はずっと難しくなるからです。

また、おたよりは保育者や園が保護者に伝えたいことが書かれているため、比較的文字が多いです。外国籍の保護者がいる場合には、おたよりにもいくつか工夫をしましょう。

①全体の文字量を減らす。

②見出しや箇条書きを多く取り入れる。

③持参するものは、絵や写真などで見本を示す。

④渡す際に、マーカーなどで印をつけながら話をする。

これらの工夫は、読むことが苦手な保護者にも有効です。また、外国籍の保護者用にひらがなや英語を使ったおたよりを個別に作ると、より親切でしょう。

保護者対応の極意

視覚的に見せながら、必要なことから伝える

CASE 16 生活リズムを整えてほしい保護者

子どもの姿

登園してすぐに保育室で寝てしまうことの多いPくん（3歳児）。朝ごはんを食べずに来ることも多く、元気が出ない様子が見られます。活動をしていても途中で机にもたれて寝てしまうこともあり、ベッドに入れるとぐっすり眠ってしまいます。眠った後は元気に遊ぶ姿が毎日のように見られます。

保護者の様子

子どもも大人と同じ生活リズムで過ごしている様子で、子どもを早く寝かせようとする意識はあまり感じられません。遅く起きるため、朝ごはんを食べる時間がなく、時にはおにぎりを持たせて通園バスに乗せることもあります。お母さんはいつもきれいにしていて、経済的にも余裕のあるご家庭ですが、生活習慣の大切さを説明しても「はあ、わかっているんですが……」と返答されることが多く、真剣に捉えていないようです。

保育者の思い

園に来て、友達と元気に駆け回っていきいきと活動に参加できる日もありますが、やはり睡眠不足がPくんの園生活の楽しさを半減させてしまっていると感じます。生活リズムを整えることの大切さをお母さんにわかってほしいです。

考えられる保護者の心情

Pくんのお母さんは、生活が乱れていることをある程度自覚しています。しかし、改善する意識が見られないのは、大人の生活パターンで暮らすことが子どもに与える影響をそれほど考えていないからかもしれません。

1 ‖ 子どもの姿を見せて理解をサポート

乳幼児期の育ちにとって、生活習慣、とくに早寝・早起きのリズムの徹底はとても重要です。Ｐくんのお母さんは、大人中心の生活に違和感をもっていないようなので、そのことをまず伝える必要があります。

Ｐくんが園で元気に過ごせている日の姿と、そうでない日の姿を写真やビデオで見せるのもよいでしょう。クラスの他の子どもたちの様子も目に入るので、そこで気づいてもらえることもあるかもしれません。

そのうえで、生活リズムに関する支援として「それならできるかも」と思ってもらえることから始めます。たとえば、就寝時間が現在夜の10:00になっているとします。この場合、急に8:30を目指すのではなく、15分きざみで前倒しを提案します。9:45に寝ることができてきたら、次は9:30、次は9:15といった感じで、スモールステップで目標を設定すると、実行しやすくなります。

2 ‖ スモールステップでできたことをほめる

Ｐくんに変化が見られたら、「お母さんが早めに寝かせてくださっているので、Ｐくんが午前中から元気におにごっこをするようになりましたよ」と子どもの姿を具体的に示して、手応えを感じてもらえるようにしましょう。

子どもへの関心が、それほど高くなかった場合でも、スモールステップで自分ができたことをひとつずつほめられるとやる気が出ます。お母さんの努力と子どもの姿を結びつけて話をすると、子育ての実感が増すこともあります。

保護者対応の極意

できそうなことを提案し、できたら必ず認める

CASE 17 祖父母の影響が強い保護者

子どもの姿

Qちゃん（5歳児）は三姉妹の長女で、元気な女の子です。周りの様子によく気がついて、年下の子の面倒をよく見ています。お弁当のときには、一緒に暮らしている父方のおばあちゃんがこう言ったなど、家での様子を話してくれることが多く見られます。

じょうずだね

保護者の様子

お母さんは、子育てに自信がなさそうで、保育者に話しかけるのにも気を遣っている様子です。お母さんへのお願いなのに「おばあちゃんに聞いてみます」と確認をとろうとすることもあります。おばあちゃんが一緒にお迎えに来る時は、ほとんどおばあちゃんが保育者と話し、お母さんが話そうとすると上からかぶせるように発言されます。

あ、それね

今日、Qちゃんが…

保育者の思い

子育てに関してはお母さんを中心にすすめてほしいし、保育者とも気楽に話ができるようになってもらいたいです。子育ての方針について、おばあちゃんの意見が前に出てくることもあり、対応に困っています。

考えられる保護者の心情

Qちゃんのお母さんも、おばあちゃんへの対応に戸惑っているようです。加えて、自分の子育てに自信がないので、おばあちゃんに聞いてから判断する癖がついているのかもしれません。本人もこのような状態がよいわけではないと理解しているものの、どうしたらよいのかがわからない、といった気持ちでいることも考えられます。

1 親としての自信を もてるようにする

お母さんは、自分が中心に子育てをしている実感がないので自信がもてないようです。「おばあちゃんが判断する」→「自分の判断に自信をなくす」→「おばあちゃんに頼る」→「子育てに自信がもてない」という悪循環に陥り、おばあちゃんに依存する形になってしまいます。

そこで、自信をつけるために、Qちゃんからお母さんの話が出たときには、必ず伝えるようにしましょう。

「お弁当に入れるものをお母さんにリクエストしたら入ってた、とうれしそうに話してくれました」「お母さんと公園に行って楽しかったと、ニコニコ笑顔で報告してくれました」など、Qちゃんがお母さんを大好きなことを積極的に伝え、自信をつけてもらいましょう。

2 役割を頼むなどをして、 園とのつながりをつくる

家庭内のプライベートな事柄に対して、保育者は安易に口を出すべきではありません。家族関係に関する指示的なアドバイスは、不要な誤解を招きかねないため控えましょう。

しかし、お母さんが自信をもつためにできることもあります。お母さんが園に足を運ぶ機会を増やすこともそのひとつです。

Qちゃんのお母さんにちょっとした園での役割をお願いしてみるのはいかがでしょう。そうすることで、他の保護者との接点が増え、行事や保育内容など園の様子も理解しやすくなり、話題も増えます。さらに、おばあちゃんに「係の話し合いがある」と言えば、家を出やすくなることもあるかもしれません。

保護者同士のつながりが増えれば、保護者としての自信もついていくはずです。

子育てに自信がもてるよう接し、園との接点を設ける

CASE 18 夫婦げんかの絶えない保護者

子どもの姿

3歳児で入園したRちゃん（5歳児）は、ひとりっ子です。入園前は家庭の事情により、祖父母と暮らしていました。入園後は両親とともに暮らしていますが、表情がなかったり、ひたすら泣いていたり、急に笑い出したりと周期的に不安定になる姿が見られました。4歳児の頃は預かり保育に参加して安定していましたが、5歳児になって家の様子がわかってきたこともあって、再び不安定さが見られるようになっています。

保護者の様子

お母さんが入退院を繰り返しており、家にいても不安定な状態が見られます。そこから夫婦間でもいさかいが起こってしまうことがあるようで、できる限り子どもにはその様子を見られないように努力はしているようです。保護者参加の行事はどちらも参加しないことが多いです。

保育者の思い

入園当初から家庭の事情は把握していましたが、お母さんが不安定なので、子どもが不安定なときはお父さんに連絡して現状を確認していました。年長になってから夫婦仲が悪化しているようです。Rちゃんの心の安定を図りたいのですが、家庭へのケアに園として立ち入るのは難しく、どう対応したらよいのかわかりません。

考えられる保護者の心情

Rちゃんのお母さんは体調もすぐれず、自分で心身のコントロールをすることが難しいようです。そのため「自分の子どもは何をどう感じているか」などに気持ちを向けることが難しく、最優先は自分のことで、子どものことはその後になってしまっている状況と思われます。

1 | 肯定も否定もしないで 話を聞く

夫婦が不仲である場合、子どもが不安定になるので、保育者は「Rちゃんを優先して考えてほしい」という気持ちが強くなります。家庭内でのトラブルを話してくるお母さんに対して、Rちゃんのために何とか穏やかに生活してもらいたいと打開策を提案したくなるかもしれません。しかし、この場合、家庭の内情に踏み込むことは避け、静かにうなずき「そういう状況なのですね」などと流しましょう。

安易に同調してしまうと「先生も同じ意見だった」とお父さんに伝えてしまい、思わぬトラブルに発展しかねません。

2 | 子どもを見る 視点を示す

夫婦げんかが絶えない家庭では、けんかの流れからどちらかが「家を出ていく」と言うなど、Rちゃんにとって今後の生活に見通しがもてない会話がされている可能性があります。

そこで、保育者はRちゃんへの対応を手厚くして、心の安定を図りましょう。

ひとつは、できるだけ多くスキンシップをとることです。会う度に、「大好き」「楽しいね」などの言葉を言いながら抱きしめましょう。「ここにいていいんだ」「受け入れられている」「愛されている」といった実感をもてることが大切です。大きな声や強めの叱責に敏感に反応することもあるため、表情豊かで穏やかな接し方を心がけます。

そして、園全体でできるだけ多くの保育者が同じようなスキンシップをとります。場合によっては、園長から保護者にRちゃんの園での姿を伝えてもらい、「できる範囲で保護者からもスキンシップを」などと話してもらうことも必要です。

保護者対応の極意

お母さんへの言葉を慎重に選びつつ、子どもに愛情深く接することで心の安定を図る

CASE 19 ひとり親で余裕がない保護者

子どもの姿

Sくん（3歳児）は、登園時に「ママも」と言って離れず、しばらく大泣きしています。落ちつくと元気に活動していますが、お迎えの時は、逆に「まだ帰らない」「先生、絵本読んで」などと言っては、なかなか帰ろうとしません。わざと食事をこぼしたり、絵本を破いたりする姿も見られます。

保護者の様子

シングルマザーで、家庭では子どもがテレビなどに夢中になっているときに、急いで家事をしているそうです。「父親がいないから子どもに関わってあげられる時間がなくて」と、毎日がいっぱいいっぱいな様子。登園時も慌ただしく子どもを預け、お迎えも時間ギリギリになることが多く、子どもがスムーズに帰ろうとしないと機嫌が悪くなるようです。

保育者の思い

もう少し子どもと向き合ってもらいたい、子どものことを保育者と話す時間をとってもらいたいと思うのですが、なかなかゆっくりお話ができません。常に忙しそうで弱音を言ってこられることもなく、大抵機嫌が悪い様子なので話しかけづらいです。

考えられる保護者の心情

お母さんは忙しい毎日を送っていて、仕事も子育ても頑張っているけれど思うようにいっていない様子です。また、Sくんが言うことを聞いてくれない理由がわからず、焦ったりイライラしたりしてしまうのかもしれません。

1 | 試し行動の意味を伝える

Sくんのような行動を「試し行動」といいます。試し行動とは、「自分にどれくらい愛情があるのか」「こんなことをしても受け入れてくれるのか」を試すために、悪いこととわかっていながらネガティブな行動をとって大人の反応を見る、子どもの愛情確認行動です。Sくんの「ママ、かまってよ」「ぼくをもっと見て」という言葉にならない思いが、試し行動につながっていると考えられます。

このような場合、お母さんに「もっとSくんと向き合ってください」「Sくんのサインなんだからイライラしないで」とただ伝えるだけでは改善されません。

まずは、お母さんに試し行動の理由を説明して、Sくんの思いを理解してもらいましょう。そのうえで、「短い時間でもいいので抱きしめる」「一緒にお風呂に入る」「寝る前に必ずSくんが選んだ絵本を読む」など、お母さんの生活をイメージしながら忙しくてもできそうなことをアドバイスします。

2 | 自分の頑張りを自覚し、肩の力を抜けるように

Sくんのお母さんは、子育てをおろそかにしているのではありません。父親の分までカバーしようとしており、むしろ熱心といえます。

このような頑張りは、生活をともにしていない人にはわかりづらいものです。そこで保育者は、「こまめに洗濯されていますね」「Sくん、よくお母さんの話をしてくれるんです。楽しい時間を過ごしているのですね」など、頑張っている自分をお母さんが自覚できるような言葉をかけます。そして、「子育ては誰しも完璧にはできないけれど、なんとかなるものだ」という感覚をもってSくんと生活していけるよう援助します。

3 | 母親の気持ちがなごむ話題を

お母さんの機嫌が悪いことが多いようですので、保育者はやわらかく話しかけます。「お仕事、ご苦労様です」とねぎらい、反応があれば、Sくんのかわいらしい、または楽しかったエピソードを伝えて、気持ちがなごむようにしていきます。

お母さんがSくんを肯定的に捉えられるように伝えていき、タイミングを見て仕事や家事の状況を聞き出したうえで、時間の使い方やスキンシップのしかたなどを提案するとよいでしょう。

保護者対応の極意

ひとり親の立場を受けとめ、身近な理解者になろう

CASE 20 精神疾患がある、あるいは疑われる保護者

子どもの姿

Tくん（3歳児）は、好奇心旺盛で自分から遊びに関わっていきますが、母親の都合で登園日数が少ないため、久しぶりの登園となると、興奮して友達の遊びを邪魔してしまいます。一緒に遊びたいと思っていても、そのことでトラブルになってしまうことが多いです。Tくんは毎日登園したがっているのですが……。

保護者の様子

シングルマザーであるお母さんはうつ病傾向と睡眠障害があり、朝起きられないようです。登園に関する連絡がないため、園から確認の電話をすると、覇気がない様子でお母さんの言い訳が始まり、電話の向こうからゲームの音やTくんの元気そうな声が聞こえてきます。登園しても忘れ物が多く、提出物はいつも締め切り日を過ぎて、再度声をかけられてから提出することがほとんどです。

保育者の思い

毎日登園できれば、Tくんも落ち着いた園生活が送れると思うので、Tくんのためにも生活リズムを整えることの大切さを理解してほしいのですが、お母さん自身が生きづらい様子です。園としてお母さんにどのような声をかけ、支援をしたらよいでしょうか。

考えられる保護者の心情

Tくんのお母さんのようにうつ病傾向がある人には、朝起きられないケースは珍しくありません。理解しておきたいのは、「起床しなければいけないことはわかっていても、身体が重く感じられ起き上がれない」ということです。思うようにできないもどかしさや、自分に対する不甲斐なさを強く感じていると思われます。

1 登園することを 目標にする

「Tくんが元気なのに登園させない」「何度言っても提出物の期限が守れない」など、保育者はお母さんを否定的に捉える気持ちになりがちです。しかしまずは、「わかっているけどできない」というお母さんの状況を受けとめましょう。

そのうえで、とにかく「遅刻しても、たとえ昼過ぎであっても、登園すればOK！」といったことを当面の目標として設定します。

うつ病傾向がある保護者は、極端な考え方をする人が多く、たとえ5分程度の遅刻であっても「予定した時間に登園できない」→「欠席する」という行動をとりがちです。お母さんの状況を園内で共有し、登園してきたらみんなで「目標達成ですね」「お母さん、お疲れ様です」など、ねぎらいの言葉をかけましょう。

お疲れ様
です

Tくん
来たー！

2 「できたこと」に 着目してもらう

うつ病傾向がある場合、「こんなこともできない」と強く自分自身を責めがちです。このように捉え方の偏りがあるため、「できていること」に目がいきません。本人が「たいしたことではないが、これはできている」といった手応えを感じることが必要なのです。

たとえば、「季節に合った服を着せてくる」など、一見当然なことでも、「暑くなってきたので薄着にしていただいたのですね」などと言葉で伝え、自覚できるようにしましょう。

3 できる限り 園でカバーする

園には、締め切りがある提出物や生活に使う物など、保護者が用意する必要がある物がたくさんあります。どうしても持ってくることが難しい場合は、可能な限り園でカバーしましょう。着替え用の服やタオルも園の物で代用します。忘れ物が多い様子を他児が見て「困ったTくん」と印象づけるのを避けるために、けっしてTくんを責めないようにしましょう。

提出書類の期限は、締め切りが近くなったら再度口頭で「みなさんにお伝えしていますが、○○の書類の期日は明日ですので、よろしくお願いします」と「みなさん」を強調したうえで、期限に気づくような言葉かけをしましょう。

保護者対応の極意

目標のハードルを下げ、できることは園でカバーを

CASE 21 ネグレクト（育児放棄）が疑われる保護者

子どもの姿

Uくん（2歳児）は、毎日笑顔で登園して来ますが、前日と同じ服を着ている、おむつ替えがされていない、お風呂に入っていないのか臭いがきつい、数日前に園で貼ったバンドエイドが確認された様子もなく貼りっぱなし、などの様子が多く見られます。給食では、無我夢中で残さず一気に食べています。

保護者の様子

お母さんは夜の仕事をしていて、朝と夜が逆の生活になっているようです。連絡帳記載の食事内容も、ほとんどお菓子やトマト等の単品で、栄養バランスの整った食事をさせていない様子です。それとなく服や入浴について話をするのですが、「はあ……」「気がつきませんでした」といった力の抜けた返事しかありません。

保育者の思い

保護者にもっとUくんのことを見てほしいのですが、話をしても改善が見られないので、どのように保護者と連携をとっていったらよいのか困っています。また、これはネグレクトと考えて早急に対処すべきなのか、判断に迷ってしまいます。

考えられる保護者の心情

Uくんのことに力をそそげないほど忙しい、あるいは、他に気になることがあるのかもしれません。また、こういった保護者には「借金がある」「恋人がいる」などのケースもあります。Uくんに気が向いていないということは、園に対しても関心が低い、ということも理解しておきましょう。

1 │ 園全体で観察し複数の連絡手段をもつ

Uくんは、ネグレクトを疑われながらも登園しています。まずは、この時点で児童相談所に「リスクが高い親子」として伝えておきましょう。そして、園全体で注意深く観察をします。

次に、直接的なやりとり以外に、お母さんと連絡がとれるチャンネルを増やしておきます。たとえば、携帯番号・メール・SNSなど、連絡手段を複数もっておくことで、接点を失うリスクを下げることができます。ただし、保育者個人でこのようなツールを使っての保護者とのやりとりは厳禁です。

そして、保育者がお母さんと継続して話をしていきたいことや、場合によっては相談できる機関を紹介できることなどを伝えていきます。

2 │ 「どこまで対応するか」を園全体で確認する

ネグレクトが疑われる子どもは、必要な世話を受けていない状況から、園で思うように遊べないことが出てきます。たとえば、「朝食を食べてきていないので、午前中は覇気がなく、昼食後にようやく元気になる」など、体力面から遊びに制約がかかることがあります。

ネグレクトが疑われる子どもの特徴を園内で共有し、子どもらしい生活や健康・衛生の面から、園が行う援助について定期的に話し合い、対処しましょう。

ネグレクトが疑われる子どもの特徴
・低身長、低体重
・無表情、活気のなさ、おびえ、落ち着きのなさ、多動
・虫歯が多い、歯槽膿漏、口の中の傷
・誰にでもべたべたする、親のそばに近寄りたがらない

（公益社団法人日本小児科学会「子ども虐待診療の手引き」より）
＊ただし、食事や入浴などの一般的な世話を受けているものの、家庭内で長時間放置されて1人で過ごしている等のケースもあります。

保護者対応の極意

虐待が疑われたら早めに通告をしておきつつ、園全体で対応を

子どもに関心がない保護者

子どもの姿

Vくん（3歳児）は、外靴と上履きの区別の認識が全くなく、注意を促されると履き替えることはできますが、毎回その繰り返しです。何か目的をもって行動する様子は見られず、目に入ったものを手に取ったり投げたりし、保育者に止められると周囲の物に八つ当たりします。登園の際に泣いて嫌がることがありますが、母親を求める様子はありません。

保護者の様子

両親、祖父母ともに高学歴です。祖父母との同居で、両親ともにフルタイムで仕事をしており、朝7:30から夜6:30までVくんを園に預け、忙しそうです。お母さんにVくんの様子を伝えても「そうですか」と関心がない様子。両親は親子遠足や保育参観などにも参加せず、祖父母に任せることが多いです。

保育者の思い

Vくんの姿から、親子の愛着関係ができていないように見受けられます。保育者は、Vくんとの信頼関係が築けるよう、日々一緒に遊んだり、だっこをしたり、追いかけっこをしたりしてスキンシップを心がけていますが、両親がもっと子どもと向き合ってくれたらと思います。

考えられる保護者の心情

両親ともに、仕事中心の生活なのでしょう。「無関心な親」「愛情が感じられない親」とレッテルを貼ると援助方法を考えにくくなるので、「時と場合によって子どもよりも優先するものがある親」と捉えましょう。また、祖父母も同様な境遇で子育てをしていたらしいことを考えると、多忙を肯定的に捉える家系かもしれません。

1 家族や仕事への 考え方を聞く

保育者が「もっとVくんを見てあげてください」と伝えただけでは、保護者の行動は変わらないでしょう。まずは、保護者を支えていこうとする姿勢をもつところからスタートです。

「お仕事、お忙しいですか?」と切り出し、仕事や家庭に対する考えを聞いていきます。「家族や仕事はこうあるべき」といった独自の考え方があるかもしれません。この場合、お父さんとお母さんの考えが違う可能性もあるので、できれば別々に話を聞きましょう。

両親の考えをわかろうとする保育者の姿勢に心が開かれ、Vくんの「かわいらしいところ」「ひょうきんな面」など、これまで見えていなかった姿に気づいていくこともあります。

2 子どもに求める姿は 保育者とは違う

保育者は、Vくんのよいところや成長していく姿をたくさん見ていて「こんなにいいところがあるのに、両親はなぜわからないの?」など、苛立つこともあるでしょう。しかし、保護者が重要視しているのは、知識の多さや学力に直結するスキルなどなのかもしれません。

保育者と保護者では、「そもそも求めているVくんの姿が違うのかも」と受けとめ、保育者の思いを押しつけないようにしましょう。

3 子どもの成長に興味を もてる働きかけを

保護者が子どもをよく見ていないために、子どもができるようになったことを伝えても、「そんなこと、前からできていました」と返ってくることがあります。

子どもの姿に目を向けてもらうためには、現在の子どもの状態を伝えていくことが大切です。今の課題に対して、保育者が気をつけていることや、どんな風に対応しているかを丁寧に伝えていくと、違う姿が見られるようになったときに「たしかに前より成長した」「そういえば家でも同じ」と気づいてくれることがあります。子どもを見る視点ができることで、子どもへの関心がもてるよう努めましょう。

保護者対応の極意

関心がない背景をさぐりながら、子どもを見る視点を示してあげる

発達障害傾向の保護者に、保育者の言葉はどう伝わっている？

理解できていなくて、全く違う解釈をしている

保護者に子どもの状態を伝えても、「きちんと伝わっていない」と保育者が感じることがあるでしょう。

発達障害傾向がある保護者は、物事の解釈の程度や方向性が他の保護者と違っていることがあるのです。そのため、「保育者の話す内容が理解できない」あるいは「保育者の言葉を全く違うように解釈している」のかもしれません。

例えば、保護者に「○○ちゃんは気持ちの切り替えが苦手なようです。片づけの時間を伝えても嫌がり、いつも1人遅れて入室します」と子どもの課題を伝えたとします。すると、「家で時計の読み方を教えてって言っているのかな？」「（保育者が）一緒に片づける友達をつくってあげたいという意味？」など、意図が全く伝わっていないことがあります。

シンプルに短い言葉で！

何をしたらいいの…？

いつも遅れて入室します

回りくどい表現、複雑な言い方では理解できない

ADHD（注意欠陥／多動性障害）の傾向がある保護者は、保育者の話を最後まで聞かず、自分の思い込みで理解することがあります。こういった保護者には、話の要点を最初に簡潔に伝え、理解しやすくなるよう努めましょう。

なかには、一度話し始めると際限なく話し続ける人もいます。このような保護者には、ある程度のところで相手の話を切り上げて、「先程の話ですが」と話を戻して簡潔に伝えましょう。

ASD（自閉症スペクトラム障害）の傾向がある保護者は、相手の話を聞いて理解することや、言葉の裏側を読むことが苦手です。そのため、回りくどい表現や複雑な言い方では、何を言われているのかわからなくなってしまいます。シンプルな言葉で短く伝え、視覚情報も利用しましょう。

また、ASD傾向の保護者が急に脈絡のないことを話し始めることがあります。これは、「相手の話がわからない」「自分の話を聞いてくれない」といった焦りと不安の感情からくる行動です。保育者との会話に困っているサインと受けとめましょう。

4章

園内での取り組み・専門機関との連携

気になる保護者に対して、
園としてどんな支援ができるのでしょうか。
専門機関や就学先との連携についても、
考えてみましょう。

1 園内での協力体制

保育者のチームワークで共通の対応を

●保護者への対応は、全員同じになるように

保護者対応において、個人のスキルアップは欠かせませんが、チームワークも同じくらい大切です。気になる子やその保護者、あるいは気になる保護者への対応が、全職員で同じになるようにしておかなければなりません。

例えば、登園時間が遅れがちなAくんに対して「Aくんとお母さんが登園してきたら、まずは笑顔で出迎える」と担任保育者が判断したら、職員会議などで園長はじめ保育者全員に伝え、共通の対応をしてもらう必要があります。

もし、「登園が遅れることを注意する」など、園内で違う対応をする保育者がいると、Aくんの保護者はその保育者に抵抗を感じたり、不快感を抱いたりします。保育者ごとに対応が違うと保護者が混乱し、保育者全員への不信感にもつながりかねません。

●共有するためにシートを使う

保育者同士で保護者の情報を共有するために情報共有シートを作成しましょう。これは保護者対応に困っている担任保育者が主となって作成し、園内の会議などで対応の検討や確認をする目的で使用します。ですから、定期的ではなく、困ったことが起きたタイミングで作成すればよいでしょう。巡回相談の際に活用するのもお勧めです。

大事なのは、①記入しやすさ、②共有しやすさです。担任保育者が書きやすく、またそれを見た他の保育者がイメージしやすい書式で作成しましょう。

〈情報共有シートの例〉

① これまでの保護者との出来事・経緯（トラブルややりとりなど）
② 保護者が抱いていると思われる子どもへの思い（子どもの発達の捉え方や考え方など）
③ 保護者との面談の内容（面談の経過や家庭での様子など）
④ 担任保育者の願い（こうしたい／保護者にこうなってほしい）
⑤ これまで行ってきた保護者への配慮や援助（コミュニケーションで心がけてきたことなど）

(保育カンファレンスも活用を)

●園で行われる「保育カンファレンス」とは

保育者同士で、子どもの事例を通して意見を出し合い、保育の質を高めていく場として、保育カンファレンスがあります。気になる保護者への支援の在り方などは、明確なゴールがないだけに、話が重くなり時間がかかりがちです。

そこで、効率よく保育カンファレンスをするためのポイントを紹介していきます。

●その都度結論を出さなくてもOK

対応に苦慮する子どもや保護者については、対応や支援を考えるのに時間がかかりがちです。保育カンファレンスで保育者が抱える保護者への悩みを検討する際は、正解や模範解答を求めても、課題の性質上、これという明確な答えが出ることは少ないものです。

決まらない場合は時間で区切って、一旦課題と距離を置いてみるのもひとつです。そして、その場で次回の日時を設定しましょう。内容によっては、巡回相談員などの専門家への質問や、確認することを決めるのもよいでしょう。

●特定の保育者の意見に偏らず、みんなの意見を聞く

保護者への支援には、多様な視点が必要になります。保護者の「そのときの心情」「生い立ち」「家族構成」「周囲の環境」など、実に多様な要因を想定しながら支援を考えなければなりません。

しかし、保育カンファレンスの場において、経験豊富な保育者が断定的に結論づけようとすると、その保育者の意見に全て集約されてしまう、ということが生じます。

特定の保育者の意見に偏らないようにするために、司会をする保育者は、みんなが自由に発言できる雰囲気づくりを心がけましょう。意見を求める順番は、新任保育者から始めるとよいでしょう。最初から全体で話し合うのではなく、まずはグループに分かれて検討し、それを発表する、という形式もお勧めです。

2 「気になる子」と専門機関をつなげるために

(専門機関を紹介するケース)

●どんな時に専門機関に相談すべきか

　保護者が気になる子の子育てをするなかで「子育てに自信がない」「これまでいろいろやってみたけど、うまくいかない……」「子どもが私を頼りにしていないように感じる」など、やりがいや手応えを感じられず、悩んでいるときは、専門機関に相談するタイミングです。

　気になる子の多くは、意思表示などのコミュニケーションが苦手だったり、視線が合わなかったりします。そのため、保護者は子どもの愛情を感じなかったり、親としての力不足を感じたりします。保護者の至らなさが原因ではなくても、自分を過剰に責めるようになったりします。

　このように、気になる子の特性から、保護者が生活全般に活力がわかず、子育てに行き詰まっている場合には専門機関への相談が有効です。

●専門機関につなげる目的を共有する

　専門機関につなげる目的は、「子どもの特性を把握すること」です。ここで言う特性とは、主にその子が「得意なこと」「苦手なこと」「できること」「理解できること」「理解しにくいこと」などです。これらを把握することで、子どもに合わせた支援を考えることができます。

　また、医療機関につなげると、てんかんをはじめとする発達障害以外の疾患も把握することができるかもしれません。疾患などがわかれば、対応を専門家と相談することができます。

　専門機関につなげる目的は、園全体で共有しておきましょう。

保育者が知っておくべき専門機関

●保護者にすすめる専門機関

領域	機関の名称	どんな専門家がいるか	できること・特徴
医療	小児神経科 児童精神科	医師など	専門外来で医療的な見地からの検査や診断、治療などを行う。子どものかかりつけの小児科医で相談を受け付けていることも。
療育 福祉	児童発達支援センター	嘱託医 児童指導員 保育士など	子どもの発達について相談することができる。嘱託医が1名以上おり、主たる障害区分に基づいた専門医が配置されている。
福祉	児童相談所	児童福祉司 児童心理司 医師など	0〜18歳未満の子の心身の不安や発達障害などについて相談することができる。療育手帳の判定なども実施している。
福祉	保健所 保健センター	医師 保健師 公認心理師など	年齢を問わず、発達の遅れの相談や子育ての相談などをすることができる。1歳半健診、3歳児健診のときなどに相談してみてもよい。
福祉	児童福祉課	公務員など	子育て全般に関する専門機関を案内してくれる。
教育	教育相談センター	教育相談支援員 公認心理師 スクールソーシャルワーカーなど	特別支援教育に関する相談をすることができる。就学や進路相談の他、いじめや不登校なども相談することができる。
教育	特別支援教育センター	教員など	多様なニーズに合わせ、障害児への保育について総合的な支援センターの役割を担っている。

生活のヒント

先輩ママに教えてもらおう

　卒園した子どもの保護者など、子どもの発達についての受診や、療育機関に通った経験のある保護者はいないでしょうか。そのような先輩ママから「受診をするメリット」や「療育機関に通った経験談」を直接教えてもらいましょう。困っていた内容や葛藤が、在園している気になる子の保護者と同じだったりするはずです。

　悩みや葛藤に対し、説得力がある話が聞け、実感を伴って保護者にアドバイスしてもらえるでしょう。そういったことも含めて、保護者とは卒園後もつながりをもっておくのがお勧めです。

専門機関につなぐまでの保護者への寄り添い

●保育者が保護者にかける言葉

登降園時などに、保護者に子どもの気になる姿の話をしてもはぐらかされたり、話を聴こうとしてくれない場合は、保護者がまだわが子の状態を受け入れる素地ができていないか、子どもの姿にアンテナが立っていないかのどちらかです。そのため、まずは事実を伝えることが先決です。その際、保護者の心に伝わる言葉が求められます。

●保護者の心に伝わる言葉かけ

本人が困っているようです

保育者が子どもの姿を伝える際、子どもの見立てや対応に困っていることが多いため、そのつもりがなくても言葉の端々に「保育者（私）が困っている」というニュアンスが伝わることがあります。そうならないためにも、「本人が困っている」ことを伝えます。「わが子が困っている」と聞くと、耳を傾けたくなるはずです。

よりよい対応をするために、一緒に専門家に相談してみませんか？

専門家への相談は不安なものです。そこで、「保育者も一緒に」と伝えることで、一人で対峙するのではないという印象を与えましょう。

○○くんのサポーターを増やしませんか？

子どもは家庭や園の生活全般において困難を示しているはずです。子どもの課題を理解し、その子にあった対応をともにしてくれるような、「その子理解」を深めてくれる支援者を増やすという視点で提案してみましょう。

●提供すべき情報は

　保護者が専門機関との関わりに前向きになった次の段階で、必要な情報を考えてみましょう。

　まずは、専門機関に子どもの情報を提示できるよう、日頃の子どもの姿や保護者の思いなどを収集・整理しておきましょう。そのうえで、専門機関の情報を得ておきます。具体的には、①専門機関の予約の仕方、②予約から相談までの時間です。医療機関につなぐ場合は、できればおすすめの病院の「○○科の△△先生」までの情報があるとよいでしょう。

　専門機関につながることにまだ迷いのある保護者の場合、調べている過程や相談までの期間に、意思が揺らいでしまうことがあります。見通しの立てやすくなる①や②の情報を伝えて、共有しながら専門機関に実際につながるまでをサポートしていきましょう。

予約から相談まで
1か月くらいかかる
みたいです

専門機関へつなぐ道筋

●相談から専門機関へつながった事例

〈療育センター〉

多動傾向がある3歳児のAくん。買い物に行ったときにいなくなったりするため、保護者は保育者に相談した。
保育者も保育中、関わり方に困っていたところだったので、①生活上の困り感を軽減する　②専門家とのつながりをもつ、という目的から園の近くにある療育センターの見学をすすめたところ、見学に行くことになった。
その後、園と並行して週に2回、療育センターに通っている。

〈保健センター〉
↓
〈クリニック〉
（児童精神科）

3歳児で入園したBくん。視線が合わなかったり、大きな音を嫌がったりすることで保育者は気になっていた。
母親からも「他の子とどこか違う」という内容の相談があり、3歳児健診が近かったこともあって、保育者は、「健診で相談しては」と促した。
相談を受けた保健師は、懇意にしている児童神経科があるクリニックを紹介してくれた。

〈巡回相談員〉
↓
〈教育委員会〉

気持ちの切り替えが苦手で、うまく活動に参加できないCくん。年長組になり、保育者も保護者も就学を意識し始めた6月頃、保護者からCくんの行動の話題が頻繁に出てきた。
保育者は、次週に巡回相談員が来園するため、生活上の心配事などを保護者が相談員に相談できないか、園長に打診。園長からの連絡で巡回相談員は依頼を受け入れ、保護者は相談をすることができた。
巡回相談員は、就学先について教育委員会と相談するよう勧めた。

園と専門機関で協力を

●療育機関に通うメリット

　専門機関で個別の指導が必要という判断になると、児童発達支援センターなどの療育機関に通うことができます。

　療育機関での活動は、主となる活動以外は基本的に個別に行います。主に、身辺自立の方法や社会性、身体の動かし方などを学び、子ども個人の課題に合わせて目標を決めて活動をします。

　園では集団行動が多くなるので、個人の課題に合わせて繰り返し練習などをすることは難しい面があります。しかし療育機関であれば、個別の関わりを行うことができるので、課題の克服を目指すことができます。

　また療育機関では、活動そのものを、子どもの集中力が保てる時間に設定することもできます。各専門分野で指導者がいるので、子どもと専門家が1対1で関わるなど、子どもに援助の手が届きやすいのも特徴です。

●療育機関に任せきりにせず、園も一緒に支援を

　療育機関で指導を受けているだけでは、子どもの生活全般に必要とされる発達を促すのに十分とは言えません。療育機関は、専門家との1対1での対応や小集団での活動が多いため、同年代の子どもとの関わりが園とくらべて少ないという特徴があるからです。

　そこで、園での支援も重要になってきます。療育機関で身につけた、身辺自立や社会性の獲得のためのスキルを園で活用すると、相乗効果で子どもが身につけたことが定着しやすくなります。

　例えば、手先の器用さを養う活動を療育機関で行っているのであれば、園では手先を使う遊びを取り入れ、子どもの遊びの幅を広げていきます。思いを言葉で相手に伝えたり、社会性を養う方法を試みているのであれば、園生活でも活用しましょう。

療育機関　園

●療育機関での一日の流れ

児童発達支援センターに通う場合、週に2日は児童発達支援センター、週に3日は園など、曜日を決めて通います。

〈児童発達支援センターでの一日の流れ〉

9:30 登所、自由遊び、排泄

10:00 朝の会、主活動

11:30 排泄・手洗い、着替え、昼食、投薬・歯磨き

13:00 自由遊び

13:30 帰りの会、挨拶

4章 園内での取り組み・専門機関との連携

主活動

運動プログラム（トランポリン、平均台、トンネル、マットや遊具を活用したサーキット）などを行います。様々な遊具の高さや幅、距離などを経験する中で、体のバランス力を養います。あわせて、集中力や、順番を待つなどの社会性を養うこともできます。

自由遊び

一人ひとりに合わせた取り組みを行います。目的は、子どものもっている力を最大限に発揮すること、子ども自身が活動の見通しをもって主体的に動くことです。例えば、感触遊び、運動遊び、巧緻性を養う手先を使った遊び、ごっこ遊び、リズム・楽器遊びなどを行います。

●療育機関と園の両方に通うときの留意点

①継続的に保護者の支援をする

療育機関と園の両方に通うということは、保育者が療育機関の専門家の意見や情報を得ることができる、という利点があります。また、双方からの継続的な保護者支援ができます。

保護者への重要な支援として、一見わが子の障害を受け入れているように見える保護者への精神的な支援があります。保護者は、根本では子どもの障害を受容することが難しいため、悲しみや苦しみ、不安を抱えています。双方で注意して保護者と接し、こまめに保護者の情報を交換して支えていけるとよいでしょう。

②無理をせず、余裕をもたせたスケジュールを

発達障害がある子どもは、不慣れな場所や新しい活動などに強い不安があります。また、様々なことがらを刺激として感じやすいため、定型発達の子どもより何倍も疲れやすく、曜日によって登園場所が異なる生活は、それだけで疲弊します。園に来る時間が限られているので、登園すると、製作物や行事練習がたまっている状態になるかもしれませんが、全てを無理にこなそうとせず、ゆったりめのスケジュールを心がけましょう。

●園の特性を生かした支援をしていく

　友達との関わりに課題をもっている子どもは、同年代の子どもからの刺激が必要であり、モデルとなる子どものまねをして発達が促される面があります。子ども同士がお互いにまねをしながら成長していく姿は、障害がある子も同じです。

　園には多様な個性をもった子どもがたくさんいます。ときには、けんかやトラブルもありますが、そのなかから社会性を学んだり、友達との関わりを具体的に理解したりします。周りの子を見る力やまねをする力がある子であれば、他の子の活動への参加の仕方やふるまいを見て、学ぶこともあるでしょう。

　ですから、「療育機関で学んだことを園で生かして定着化を図る」といった好循環を目指しましょう。このことを保育者が理解できていると、保護者が療育機関に疑問をもったときや、成長を感じられず焦ったときにも、よい相談相手になることができます。

療育機関

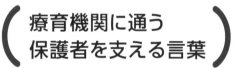

園

療育機関に通う　保護者を支える言葉

●保護者は不安を抱えている

　療育機関に通っている子どものなかには、障害の程度が重い子どもも含まれます。気になる子の多くは、日常生活のなかで、障害の程度が重い子どものようには、直接的に療育を連想させる姿を見せません。そのため、保護者のなかには、療育機関で障害が重い子どもたちを目の当たりにすると驚いたり、ショックを受けたりすることがあります。

　自分の子どもがそこにいることに抵抗を感じ、「あんな障害が重い子と一緒だなんて」「（指導が）物足りない」といったネガティブな発言が出ることもあります。保育者は発言の背景を察し、「そのように感じたのですね」と肯定も否定

もせず、気持ちに寄り添う言葉をかけましょう。

　また、「これ（療育）がいつまで続くのか」といった苛立ちや焦りを見せることもあります。このような心理的葛藤を、療育機関の人ではなく、保育者に伝える保護者は少なくありません。保育者は、自分が保護者にとって「数少ない弱音を吐ける人」と自覚し、安易な励ましや批判は避けましょう。

●子どもの成長が感じられる言葉かけの例

保護者が前向きな気持ちをもつために、有効な言葉かけの例を紹介します。

1. 以前との小さな違いを具体的に伝える

保育者
自分でやろうとする気持ちが芽生えてきましたね

少し我慢するようになってきました

保護者
うちの子にそんな面があるのね

発達が緩やかな子どもの場合、保護者はわが子の成長を実感しづらい面があり、小さな変化を見落としてしまいがちです。小さな成長も伝えるようにしましょう。

2. 保護者が見えていない子どものよい面を伝える

保育者
自分からスリッパを並べていたんです。きれい好きなところが素敵ですね

保護者
たしかにうちでもスリッパをそろえていることがあるわ

多動傾向で、保護者が子どものよい面に目が行きにくいときに伝えてあげるといいでしょう。保護者が見ているものの、実感できていない場面が浮き上がります。

3. 保護者の取り組みが子どものよい変化に影響した姿を伝える

保育者
服の裏表がわかりやすいようにワッペンをつけてくださったおかげで、今日は一人で服を着ていましたよ

保護者
やってあげてよかった！

保護者は、子どもが生活しやすいように工夫していることが多いです。よい効果が園で見られたら、保護者にフィードバックしましょう。

4. 遊びの質が変わった姿を伝える

保育者
これまで黙々とレールをつなげていましたが、最近では、立体交差など工夫を凝らしたレールにしていますよ

保護者
なるほど、遊びが進化しているのね、気づかなかった

自閉傾向があり、興味に偏りがある子どもは、いつも同じ遊びをしています。しかし、遊びの質は変化していくので、それを保護者に伝えましょう。

5. コミュニケーションの姿を伝える

保育者
今日は、"わんわん！"と教えてくれたので、"わんわんかわいいね"とほほえみ合いました！

保護者
そんなコミュニケーションができるのね

言葉の獲得に課題がある子の保護者は、感情の共有をはじめとするコミュニケーションに悩みます。保育者が子どもの言葉やしぐさを読み取って、保護者に伝えていきましょう。共有することで、保護者は子どもの感情をキャッチしやすくなります。

3 「気になる子」の就学支援

就学先で適切な支援を受けるために

●就学先の決定には、保育者もサポートを

　気になる子の就学先の決定については、本人と保護者の希望を聞きながら保護者と教育委員会で判断します。近年では最終的な判断は「本人と保護者」とされています。

　とはいえ、就学先決定に関して保育者ができることはたくさんあります。

　まず、保護者が子どもの障害の特性を受け入れている場合には、市区町村が実施する就学相談を勧めます。そこで、ぜひ教育委員会との接点を設けてあげてください。専門家を交えてベストな就学先を検討することができます。

　また、就学先に迷っている保護者は、多くの不安を抱えて、「通常学級の方がよいのではないか」「やはり特別支援学級の方がこの子に合っているかも」などと悩みます。決定するまでの考えの揺れ動きは、どの保護者にも見られます。保育者は、保護者のこのような気持ちを受けとめるところから始めましょう。

●必要な支援が受けられる環境選びを

　気になる子が安心して、その子らしく生活したり学んだりすることができるためには、生活の場や学びの場が変わっても、できるだけそれまでと同じような関わりや支援を受けられること、つまり、周囲の環境が一貫していることが望まれます。

　重要なのは、一人ひとりの子どもの教育的ニーズに応じた支援が受けられることです。就学先の検討の前に、保護者や本人、保育者とで「どのような支援が必要か」について丁寧に話し合いを重ねていくことが先決です。そうすることで、本人の環境の変化からの混乱を最小限にできます。

気になる子の就学先

特別支援学校

　障害の程度が比較的重い子どもを対象としています。障害がある子どもたちに、少人数で障害特性に添った教育がされています。主な障害に、視覚障害、聴覚障害、知的障害、肢体不自由、病弱（身体虚弱も含む）があり、学校によって異なります。また、障害種別は設置者の規準によります。1クラス6名以下で構成され、重複障害児であれば3名以下の構成となります。

　小学部だけではなく、中等部、高等部もあり、自立を目的とした指導を受けることができます。幼稚園・保育所等への助言や援助を行うなどのセンター的機能も有します。

小学校の特別支援学級

　小学校内に設置されている学級です。1クラス8名以下の異年齢で構成され、障害の特性に応じた個別指導を受けることができます。知的障害や肢体不自由などを対象とし、比較的軽度の障害をもつ子どもが対象となります。

　小中学校の学習の目的や目標（教育課程）を達成することを基本としていますが、障害の種類や程度によっては適当ではない場合があるので、特別の教育課程を編成して子どもの実態に即した指導目標と指導内容が設定されます。

小学校の通常学級に在籍しながら、通級指導教室に通う

　通常の学級に在籍していて、比較的障害の程度が軽度な子どもが対象です。多くの時間を通常学級で過ごし、週に1～8時間程度、通級指導教室で指導を受けます。

　通級指導教室がある学校とない学校がありますが、近年では、特別な配慮が必要な子どもの増加により、各学校への配置が目指されています。他校の通級指導教室に通っている時間は、在籍の小学校において欠席扱いにはなりません。

●就学先が決定するまでの流れ

4月〜　就学相談

〈保育者がすること〉

・自治体のホームページやパンフレットなどで
　就学に関する情報を集める。

・保護者と園や担任保育者との信頼関係が十分
　であるか見直す。不十分であればすみやかに
　関係改善や修復を試みる。

5月〜　学校見学

〈保育者がすること〉

・保護者が集団生活におけるわが子の姿を確認
　できるよう、保育参観や面談を積極的に取り
　入れる。

・保護者の子どもに対する思いや就学への意向
　を確認しておく。

・保護者に就学先の小学校の行事（運動会や発
　表会など）への見学や一日体験入学を勧める。

・就学先の小学校の行事（運動会や発表会な
　ど）を実際に見学し、雰囲気などを把握して
　おく。

　保護者から教育委員会への就学先についての
相談は、5月頃から告知されます。

　相談を開始してから就学先決定までは時間が
かかります（2〜5か月）。「複数の学校を見学
してから決めます」「その都度、家族全員で話
します」といったペースでは間に合わない場合
があります。年々相談件数が増えてきていて、
5月より後になると相談が遅れる可能性があり
ますので、保護者には早めの申し込みを勧めま
しょう。

10〜11月頃　就学時健康診断

〈保護者の動き〉

・保護者に文書による通知が個別に届く。一般
　的には、指定された日にちで学区内の小学校
　にて実施される。

11〜12月頃　就学支援委員会による就学先の検討、保護者への連絡・相談

〈保護者の動き〉

　保護者は、就学通知の内容を確認し、納得し
たら署名をして返信します。納得がいかなけれ
ば、就学相談を継続し、調整します。

　就学先を検討するのは、「就学支援委員会
（教育支援委員会）」です。ただし、これは決定
機関ではありません。あくまで、最終決定をす
るのは保護者です。したがって、保護者は納得
するまで繰り返し相談をすることができます。

　このプロセスにおいて、保育者に相談がある
ことがあります。ゆっくり成長する、気になる
子にとって、どこが生活しやすい環境かを考え
ながら、就学先の決定を促していきましょう。

1月下旬　就学先の決定
4月　入学式

●通常学級に就学する場合の、園と学校との連携

　気になる子が通常学級に就学すると決定した場合、保育者が次にやるべきことは、その子の情報を小学校へ丁寧に伝えることです。小学校側もクラス編成の参考にするために、気になる子の情報を欲しています。最近では、園と小学校での電話での情報交換や、小学校の管理職が園に出向く、あるいは保育者や園長が小学校に出向くなどして連携を図る自治体が増えています。

　情報交換をする手段として、指導要録や保育要録、および要録の補助資料として作成される「就学支援シート」があります。要録は保護者からの開示請求を受ければ、開示する必要があるため、書き方に注意が必要です。園生活における子どもの課題や保育者が苦慮する場面が主に書かれていた場合など、トラブルのもとになります。要録には、①子どもの姿、②保育者の関わり、③変化した姿、の3点をセットにして書きましょう。

●園と就学先をつなぐ「就学支援シート」

　気になる子について、より具体的に子どもの様子やこれまでの支援内容、保護者の意向などを記載して提出するものとして「就学支援シート」があります（自治体によって名称は異なります）。

　このシートを共有することで、小学校と保護者の間でよりスムーズに連携をとることが可能になります。また、小学校の先生が子どものよき理解者となる助けにもなります。

　シートは、その内容に沿って、保護者と園がそれぞれに記入します。

●就学支援シートの作成と活用

就学支援シートは、教育委員会が入学予定児に配布します。特別なニーズがある子どもの場合、指導要録・保育要録とは別に作成・提出します。一般的には、保護者の希望があったうえでの提出となります。

用紙は、就学時健康診断の案内などに同封されていることが多いです。保護者と園がともに作成し、提出します。なお、必要と思われる子どもについて提出を希望しない保護者には、シートを就学先と共有することがより楽しい学校生活につながるということを個別に伝えましょう。

書かれた内容をもとに、学校は必要に応じて「個別指導計画」を作成します。個別指導計画とは、特別な支援を必要とする生徒の教育的なニーズを把握し、適切な指導・支援と評価を行うために、学校と保護者が連携して作成する指導計画のことです。

なお、就学支援シートの内容は、学校が医療・福祉・教育等の関係機関に相談する場合以外は外部に漏らしてはいけないことになっていますので、取扱いには十分注意しましょう。

〈就学支援シートの例〉

参考例：東村山市教育委員会

通常学級に就学させたい保護者への対応

●通常学級を希望する保護者の思い

　子どもが園で集団生活になじみにくい姿があったり、生活上の困難が多く見られる場合でも、就学先に通常学級を希望する保護者がいます。「多くの子どもたちがいる環境で過ごさせたい」という思い、「周囲に子どもが特別支援学級に行っていると知られたくない」と世間体を気にする気持ち、「特別支援学級には友達がいないからかわいそう」と子どもを不憫に思う気持ち、「通常学級でないと社会性は伸びない」「一度特別支援学級に入ったら、通常学級には行けない」といった偏った情報を信じているなど、通常学級を希望する背景は様々です。保育者は、保護者が通常学級にこだわる理由をさぐり、揺れ動く気持ちに寄り添いましょう。

●無理をせず、保護者の意思を尊重しよう

　子どもの障害特性を受け入れているものの、特別支援学校や特別支援学級への就学は断固として拒む保護者もいます。

　保育者が、「どのような教育が子どもの能力を伸ばすのに最適か」「子どもが安心して学べる環境はどこか」という視点から話し合おうとしても、保護者が頑なに通常学級を希望する場合です。その多くは、「頭ではわかっているが気持ちが追いつかない」といった状況なのです。

　時間をかけて話し合いや相談を重ねても、保護者の意思が変わらなければ、無理に説得するようなことはせず、保護者の意向を尊重しましょう。

　もしも就学後、学力不振や友達とのトラブルの増加などで、保護者が途中で特別支援学級への転籍を希望することがあれば、自治体の就学支援委員会での検討のあと、転籍することもできます。専門的な情報を提供しつつ、保護者の意向を受けとめ、バックアップすることを心がけましょう。

4 地域の専門機関の活用

課題を抱える保護者への対応

●保護者を専門機関につなげる場合

　気になる保護者を専門機関につなげるための道筋は、地域にどのような専門機関があるかによって異なります。気になる保護者の情報を園全体で共有して、管理職が「保育者の職責の範囲を超えている」と判断した場合には、専門機関につなげる必要があります。地域にある専門機関・公的機関や利用できる福祉サービスを把握しておきましょう。

　それらの支援機関の概要や連絡先などを一覧にして、パンフレットなどをファイリングしておくと、迅速に情報を提供しやすくなります。

●精神的な疾患に悩む保護者の支援

　気になる保護者のなかで、保護者自身にうつ病などの精神疾患（あるいはその疑い）がある場合の支援について考えてみましょう。

　このような保護者は、子育てにおいて本人なりに一生懸命にしていても、思うようにいかないことが多いでしょう。「みんな、楽しそうに子育てしている」「こんなこともできないの？って思われているかも……」と周囲との差を感じ、焦りや不安を抱いていることも珍しくありません。そのような場合は、いきなり医療機関への受診を勧めるのではなく、本人の「生活のしにくさ」を会話から引き出して解決策を具体的に考えていきましょう。園が保護者の精神疾患に対応するのは限界があるため、保護者に自覚がある場合には、まずは地域の保健師に連絡して、対応にあたってもらうよう協力を求めます。そのうえで、保護者には相談窓口などの利用を勧めましょう。

●保護者に自覚がない場合の 支援の第一歩は

　うつ病などの精神疾患が疑われる保護者で、本人に自覚がない場合は、保育者による保護者への関わりの工夫が求められます。まずは送迎時などの日常会話から入りましょう。会話が成立しにくい場合は差しさわりのない言葉かけから。「今日、暑くなるそうですね」など、天気の話題を出すのもよいでしょう。四季折々で話題があるので、そのような関わりから少しずつ保護者から話しかけてくることが増えてきたら、保護者の話を聞きましょう。日々の過ごしにくさに寄り添い、うなずいて話を聞くことが大事です。

　ただし、話し始めると際限なくつらさを吐露する場合も多いので、感情を引っ張られないようにしつつ、「そろそろ会議があるので」などの理由をつけて、適度に区切りをつけましょう。

〈虐待等の対策のための 自治体による連携機関の例〉

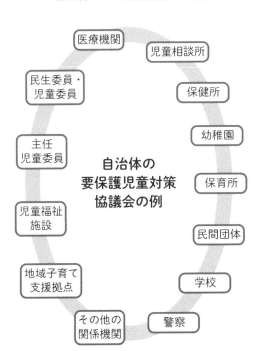

医療機関
児童相談所
民生委員・児童委員
保健所
主任児童委員
幼稚園
自治体の要保護児童対策協議会の例
児童福祉施設
保育所
地域子育て支援拠点
民間団体
その他の関係機関
学校
警察

●すぐに専門機関につなげるべきケース

　一方で、緊急性が高いケースの場合、保護者への支援も当然ですが、それ以上に支援が必要なのは子どもです。なぜなら、虐待が行われる確率が格段に高くなるからです。

　そのような状況では、まずは関係機関に保護者の状態を伝えることが必要になります。園が各自治体に設置されている「要保護児童対策協議会」の構成員となっていれば、そのルールや倫理規定に基づいて、保健所、児童相談所、地域子育て支援拠点などと情報を共有して、適切な連携のもとで対応していくことができます。

　児童相談所や市役所職員は、抱えている案件が多いことから、緊急性が低いケースの場合、児童相談所などからの定期的な働きかけが乏しくなります。そのため、緊急性が高くなると感じたときから、子どもや保護者の状況と支援の必要性を訴えることを忘れないようにしましょう。

●気になる保護者をつなげる専門機関

機関の名称	どんな専門家がいるか	できること・特徴
保健所 保健センター	医師 保健師 精神保健福祉士など	不眠、うつ病など、心の病気に関する不安や悩みほか、引きこもりなど思春期の問題に関する相談、アルコール・薬物などの依存症に関する相談もできる。医師など心の専門家に相談することもできる。 保健センターは、地域住民に対し、母子保健事業や成人・老人保健事業など総合的な保健サービスを提供する施設。市町村ごとに設置されている。
精神保健福祉センター	医師 精神保健福祉士 公認心理師など	心の健康相談から精神医療に関わる相談、アルコール・薬物乱用、思春期・青年期の相談などに応じる。心の病気に関する不安があるとき、医療が必要かどうかも相談できる。近隣の医療機関などを紹介してもらうこともできる。
児童相談所 児童相談センター	児童福祉司 児童心理司 医師など	18歳未満の子どもの福祉や健全育成に関する家庭からの相談に応じる。おもな相談内容は、①養護相談、②保健相談、③障害相談、④非行相談、⑤育成相談である。近年増加傾向にある子ども虐待の相談は養護相談に含まれ、指導・援助を行っている。
福祉事務所	社会福祉主事など	子ども虐待の通告先の1つとして規定されている。福祉六法に規定されている援護、育成または更生の措置に関する業務などを行う。
児童家庭支援センター	保育士 社会福祉士 公認心理師 精神保健福祉士など	児童に関する家庭その他からの相談のうち、専門的な知識及び技術を必要とするものに応じ、必要な助言を行う。児童相談所からの委託を受けて、施設入所までは要しないが要保護性があり、継続的な指導が必要な児童及びその家庭についての指導を行う。
教育相談センター	教育相談支援員 公認心理師 スクールソーシャルワーカーなど	高校生相当の年齢までの子どもやその保護者、学校関係者からの学校教育や家庭教育に関する相談に専門の相談員が電話で応じる。来所相談もできる。

厚生労働省「こころもメンテしよう〜ご家族・教職員の皆さんへ〜」をもとに作成

第一選択として選ぶ専門機関

●最初に相談する機関とその理由

　保健所は、保健師による乳幼児健診も行っていることから、園は継続的に保健師と連携していると思います。そのため、保育者にとって比較的敷居が低く、連絡がとりやすい関係といえます。気になる保護者のことをまず相談するのは保健所になるでしょう。

　精神疾患がある保護者の場合は、本人が抱えている問題が大きいことから、とりあえずの相談として、まずは精神保健福祉センターに電話するとよいでしょう。この場合、その場での解決というよりは、保護者の状態の確認や近隣の医療機関の紹介といった、園が想定している支援の「はじめの一歩」の位置づけです。紹介された医療機関を引き合いに出しながら「同じ地域にあるので、お母さんがその気であれば紹介することが可能ですが、いかがでしょうか？」と水を向けることができます。

●保護者を専門機関につなげるための言葉かけ

　気になる保護者を専門機関につなげるには、言葉かけが重要になります。間違っても追い込むような言葉かけではなく、保護者の心身の健康を気づかう言葉が求められます。

　たとえば、「私の勘違いかもしれませんが、最近疲れておられるように感じるのですが……」「朝、つらそうに登園してこられるように思うのですが、眠れていますか？」といった感じです。心配の対象は、子どもではなく保護者である、というメッセージが伝わるように言葉をかけましょう。

　また、保育者の表情や態度も大切です。保育者は、子どもとの関わりにおいて元気でハキハキした態度が求められます。ただつらい状態の保護者には、元気な声はかえって心身ともに疲れたり、話しづらくなることがあります。「あなたのことが心配です」というメッセージが伝わるよう、心がけましょう。

園に来る巡回相談を活用する

●巡回相談とは

保育の現場には、公認心理師や元保育士、療育センター職員などが園に出向いて保育者からの相談に乗る「巡回相談」があります。

そのような巡回相談員には、子どもの園生活の様子を見てもらい、支援や配慮の必要性について相談・検討することができます。時には、保護者と面談することもあります。

巡回相談は、自治体によって実施形態は異なります。福祉サービスの一環として実施されているところもあれば、特別支援教育総合推進事業の1つとして当該地区の特別支援学校が中心となって実施しているところもあります。

相談の対象となるのは、気になる子や気になる保護者が多いでしょう。保育カンファレンスなどで支援の方向性や内容が見出せないときや、園内で導き出した支援策を確認したいときに活用します。

●複数の視点で相談を

巡回相談では、多くの情報が行き交います。保育者一人で処理できる内容ではないため、園長などの管理職も同席して、後から行き違いが起こらないよう情報を共有して相談しましょう。

また、保護者とのやりとりで苦労している保育者は、客観的な視点が乏しくなりがちです。「何を言っても"絶対に"聞いてもらえません」「○○くんのお母さんは○○くんのことが嫌いなんです」といった極端な言葉や断定的な表現を使ってしまうこともあるでしょう。巡回相談員に客観的な情報を伝えるためにも、複数で話をすることには意味があります。

おわりに

　本書を読み終わり、「"気になる子"の保護者」そして「気になる保護者」について、幾ばくかの整理ができたのではないでしょうか。

　保護者にもいろいろなタイプがあり、保育者の受けとめ方や支援方法は多様だと感じられたかもしれません。本書で書かれていることを園内研修等でご活用いただき、身近な保護者についての理解を同僚保育者と共有していかれるきっかけになればと思います。

　また、関係機関との連携や専門職の活用については、各自治体によっても違いがありますので、まずは所轄の自治体の情報を集めたり、整理したりするところから始められるとよいでしょう。

　そして、園内の職員間での協力はもちろん、地域とのつながりを大切にしつつ、ともに支え合う関係性を常に心がけていかれることを願っています。

　保護者対応に困ったときは、どんどん人を頼り、自分の考えが固まったり、偏ったりしないように心がけましょう。また、本書を活用していただき、話題に出して（ときには批判的に）、同僚保育者や主任・園長先生等のみなさんとコミュニケーションを深めていただければ、本書の目的達成といったところです。

　最後に、本書の執筆にあたり粘り強くお付き合いくださったチャイルド本社の西岡育子さん、株式会社ミアキスの梶塚美帆さん、そしていつも支えてくれる妻や家族に深謝いたします。

2020年9月　守　巧

守 巧 （もり たくみ）

こども教育宝仙大学こども教育学部 教授。
聖学院大学大学院人間福祉学研究科修士課程修了。東京都内で幼稚園教諭として10年間勤務する。特別支援教育士。狭山市就学支援委員会委員・狭山市巡回相談員。公益財団法人幼少年教育研究所「気になる子保育研究部会」会長。主な著書に『"気になる子"と育ち合うインクルーシブな保育』（共著・チャイルド本社）、『気になる子とともに育つクラス運営・保育のポイント』『マンガでわかる 気になる子の保育』（以上、中央法規出版）など多数。

事例執筆 （五十音順）

足立　祐子	東京・台東区立竹町幼稚園園長	
石田　隆博	埼玉・学校法人石田学園　認定こども園わせだ園長	
大鷲　和也	栃木・学校法人呑龍愛育会　馬門鏡もち保育園園長	
野上　秀子	東京・学校法人野上学園　久我山幼稚園園長	
長谷川幸男	東京・学校法人敷島学園　南台幼稚園副園長	
六平　優子	埼玉・社会福祉法人秋草福祉会　あきくさ保育園園長	

デザイン／谷 由紀恵
カバーイラスト／すぎやまえみこ
本文イラスト／タカタカヲリ、ささきともえ、三浦晃子、北村友紀
本文DTP／株式会社明昌堂
本文校正／有限会社くすのき舎
編集協力／梶塚美帆 (株式会社ミアキス)
協力／瀬川未佳
編集／西岡育子

"気になる子"の 気になる保護者
保育者にできるサポート

2020年9月　初版第1刷発行
2022年1月　　第2刷発行

編著　守 巧
発行人　大橋 潤
編集人　西岡育子
発行所　株式会社チャイルド本社
　　　　〒112-8512　東京都文京区小石川5-24-21
　　　　電話　03-3813-2141 (営業)
　　　　　　　03-3813-9445 (編集)
振替　00100-4-38410
印刷・製本　共同印刷株式会社

ⒸTakumi Mori, the others 2020　Printed in Japan
ISBN978-4-8054-0296-2
NDC376　24×19cm　112P

チャイルド本社ホームページアドレス
https://www.childbook.co.jp/
チャイルドブックや保育図書の情報が盛りだくさん。どうぞご利用ください。